¿Cuán Bueno Debo Ser?

¿Cómo Puedo Ser Salvo?

Estudios Bíblicos Acerca de la Salvación por Gracia

Richard B. Ramsay

¿CUÁN BUENO DEBO SER?
¿CÓMO PUEDO SER SALVO?

ESTUDIOS BÍBLICOS ACERCA DE LA SALVACIÓN POR GRACIA

Richard B. Ramsay

© Copyright 2025, Richard B. Ramsay
ISBN: 979-8-90046-940-9
Staten House

Copyright 2010, Richard B. Ramsay
   Publicado por *Christian Education and Publication*
   como *¿Cuán Bueno Debo Ser?*
Copyright 2008, Richard B. Ramsay
   Publicado independientemente como *¿Cuán Bueno Debo Ser?*
Copyright 2004, Richard B. Ramsay
   Publicado por Editorial CLIE como *¿Cuán Bueno Debo Ser?*
Copyright 1992, Richard B. Ramsay
   Publicado *por P&R Publishing Co*. como *¿Cuán Bueno Debo Ser?*

Prefacio a la Primera Edición

Durante veinte años de trabajo pastoral, nada me ha inquietado más que la confusión acerca de la gracia de Dios. Muchas personas están privadas del gozo que podría ser suyo, porque todavía están tratando de *merecer* el amor de Dios. Se preguntan, *"¿Cuán bueno debo ser?"* "¿Qué cosa debo hacer para ser salvo?" "Qué puedo hacer para ganar el favor de Dios?" Hay una necesidad profunda de entender la importancia de la *gracia,* tanto para protestantes y evangélicos como para católicos.

También falta apreciar que los beneficios de nuestra salvación son muy *amplios.* Estoy agradecido a los teólogos latinoamericanos, quienes han hecho una gran contribución a la teología occidental con su énfasis en una redención completa en Cristo.

Estos estudios bíblicos examinan algunas de las doctrinas básicas de la fe cristiana, poniendo énfasis en la gracia. Espero que sean refrescantes, y que abran los ojos a verdades profundas. El propósito es hacer fáciles de entender algunas de las doctrinas más importantes. Jesús siempre hablaba en forma sencilla, pero profunda. ¿Por qué no podemos hacer lo mismo?

Quisiera agradecer a mi esposa, María Angélica Pérez, por animarme a escribir estas lecciones y por su ayuda en la redacción, y a Erika O'Shee por las ilustraciones originales.

¡Que la gracia de Dios abunde en usted a través del estudio de estas lecciones!

Richard B. Ramsay
Viña del Mar, Chile
1992

Prefacio a la Cuarta Edición

Me ha llamado la atención lo que el Señor ha hecho con este librito en los últimos años. Ha sido traducido en vietnamita, quechua, y bislama (de Vanuatu, en el Pacífico), ¡que no son precisamente los idiomas en que habría esperado ver traducciones! En Perú, un hombre está usando el librito para hacer un estudio bíblico con personas de la India. En Cuba, hay muchos grupos que están usándolo para enseñar a nuevas personas durante el avivamiento increíble que está sucediendo allí. El Señor está haciendo conexiones transculturales bastante sorprendentes en nuestros días, extendiendo Su reino más rápidamente que nunca. Estoy contento de que este librito haya servido como una herramienta para que personas nuevas lleguen a conocer a Cristo, y para que cristianos fortalezcan su fe. Esto me ha animado a redactar una nueva edición. He agregado algunas lecturas introductorias a las lecciones, y Sue Yarbrough ha hecho los nuevos gráficos para el comienzo de cada capítulo. El resto del contenido permanece básicamente igual, con pequeñas modificaciones.

Miami, Florida, EE.UU.
2008

Quinta Edición Publicada Independientemente, 2025

Después de ser publicado por varias editoriales, y doy gracias al Señor por ellas, quisiera publicar este librito de manera independiente para tener más opciones de distribución accesible, incluyendo una versión Kindle. El contenido todavía es básicamente el mismo, con algunas pequeñas modificaciones, especialmente en algunas preguntas.

Orlando, 2025

Entonces...dijo:
Señores, ¿qué debo hacer para ser salvo?
Ellos respondieron:
Cree en el Señor Jesús, y serás salvo,
tú y toda tu casa.

(Hechos 16:29–31, NBLA)

El autor

Dr. Ramsay fue misionero en Chile durante 21 años, enseñando en un seminario y plantando iglesias. Allí conoció a su esposa, Angélica, quien le animó a escribir este libro, su primero. Ahora viven en Florida. Tienen dos hijos, ya casados y con familia. Durante los últimos 25 años, han trabajado internacionalmente en educación a distancia, viajando para impartir conferencias y produciendo recursos para la educación teológica y la formación de líderes. Richard ha sido profesor para la *Universidad FLET* y *Thirdmill Seminary*, y ha desarrollado muchos cursos en línea.

Tiene un Doctorado en Misiones y una Maestría en Divinidades de *Westminster Theological Seminary*, además de una Maestría en Teología de *Covenant Theological Seminary*.

Otros libros del autor incluyen *A Su imagen, Integridad intelectual, Certeza de la fe, Católicos y protestantes, Griego y exégesis, Fortalece tu fe, Sinopsis de la Biblia, Exploremos Génesis, Armemos el rompecabezas, y Orientación para líderes.*

Contenido

¿Es Dios como una bombilla para usted?

"¿Tú crees en Dios?", me atreví a preguntar a mi amigo.

Había evitado el tema durante años, porque tenía miedo de escuchar su respuesta. Nunca había recuperado su fe desde una clase en filosofía. El profesor había declarado que trataría de convencer a todos que Dios no existía. Aparentemente había logrado su propósito con mi amigo.

> "¿Qué quieres decir? ¿Qué tipo de Dios?"

> "Un Dios personal, tú sabes, alguien que contesta nuestras oraciones."

> "Dios nunca ha contestado mis oraciones. ¡He recibido más respuestas de la bombilla en el techo!"

Me dolió como un cuchillazo en el estómago. Me dio una tristeza profunda, porque me di cuenta de que no conocía al Señor. Aunque había sido criado en un hogar cristiano, y había asistido la iglesia dos veces cada domingo durante su niñez, no tenía una relación personal con Dios.

Para algunas personas, Dios parece lejano e impersonal. Se sienten igualmente de cerca a una bombilla. ¿Y usted?

Estas lecciones mostrarán que Dios es un Dios personal. Nos ama, se comunica con nosotros, y nos cuida. No hay nada más importante en la vida que desarrollar una relación personal con Él.

1

La Gracia

¿Dónde está en el escenario del pesebre?

La siguiente anécdota en la novela popular, *Donde el corazón te lleve*, es una alegoría de la experiencia religiosa de muchas personas:

En la entrada del colegio las hermanas tenían armado un gran pesebre durante todo el año. Estaba Jesús en su choza con el padre, la madre, el buey y el pequeño asno, y alrededor había montes y despeñaderos de cartón de piedra, poblados solamente con un rebaño de ovejitas. Cada una de ellas era una alumna y, de acuerdo con su comportamiento del día, era alejada o aproximada a la choza de Jesús.

Todas las mañanas, antes de ir a clase, pasábamos por delante del pesebre y nos obligaban a mirar nuestra posición. Del otro lado de la choza había un precipicio muy profundo, y era allí donde estaban las más malas, con dos patitas ya suspendidas en el vacío. De los seis a los diez años viví condicionada por los pasos que hacía mi corderito. Y no necesito decirte que casi nunca se movía del borde del despeñadero. [1]

¿Usted se siente así a veces? Si es así, entonces ¡hay buenas noticias para usted! ¡Jesús le ama! ¡Él no lo va a empujar hacia el precipicio! Al contrario, Él lo trae más cerca. Él es el Buen Pastor que sale a buscar a las ovejas perdidas y las lleva de vuelta en sus hombros. Dios es el padre que recibe al hijo pródigo con los brazos abiertos, ¡y le hace una fiesta!

Es posible que se sienta que haya ofendido tanto a Dios que no hay esperanza de perdón. ¡Pero no subestime el amor de Dios! Él le

---

[1] Susana Tamaro, *Donde el corazón te lleve* (Santiago de Chile: Editorial Atlántida, 1995), pp. 66-67.

perdonará. Jesús murió en la cruz por nosotros. ¿Qué más podría hacer para mostrarnos Su amor?

... ¿Dónde está usted en el escenario del pesebre?

Para Reflexión Previa

1. ¿Cómo usted puede estar seguro de tener la vida eterna? ¿Se imagina que Dios usará una balanza para pesar sus buenas obras en un lado y sus pecados en el otro lado? ¿Se pregunta si ha sido lo suficientemente bueno para ser salvo?

2. ¿Cómo entiende el significado de la "gracia"?

Estudio Bíblico

NOTA: Debería conseguir una Biblia para buscar los pasajes (como la versión *Nueva Biblia de las Américas* o la versión *Reina Valera*). Puede usar el índice para buscar el libro bíblico si es necesario. También podría usar un programa digital (como *e-Sword* o *Logos*), o alguna aplicación en el Internet (como *Bible Gateway*). Debe escribir respuestas donde hay un espacio o donde ve este símbolo: ◊◊

Lea Efesios 2:8-9.

Según este pasaje, ¿cómo podemos ser salvos?

◊◊

Según este texto, ¿por qué ofrece Dios la salvación como un regalo, por gracia?

◊◊

Imagínese en el cielo frente al trono de Dios. ¿Cómo reaccionaría si alguien dijera, "Dios reconoció que yo he sido buena persona, y por eso me ha dejado entrar al cielo," o "Yo he sido muy inteligente en decidir ser cristiano, y por eso Dios me ha dejado entrar"? Los dos comentarios demuestran una actitud arrogante, porque la persona piensa que ha hecho algo para *merecer* la vida eterna.

DEFINICIÓN

LA **GRACIA** ES:

FAVOR NO MERECIDO

Recibir algo *por gracia*, entonces, es lo opuesto a recibir algo por *méritos*.

Lo que nos interesa especialmente en esta serie de estudios bíblicos es dejar en claro que *Dios nos salva por gracia*. Es decir, no *merecemos* la vida eterna, pero Dios la *regala* a nosotros, porque *nos ama a pesar de nuestro pecado*.

Su vida eterna depende de que confíe solamente en el Señor para ser salvo, y no en sí mismo. Es necesario entender que la salvación es por gracia, y no por obras. Usted no será salvo si piensa que puede hacer algo para *merecer* la vida eterna. Dios nos ofrece la salvación como un *regalo*; no la compramos.

Imagínese que un joven trabajara durante varios meses, ahorrando dinero para comprar una argolla bonita para su novia. ¿No se sentiría ofendido si ella ofreciera pagársela? Dios es así también: Él ha hecho algo mucho más hermoso para nosotros, y se entristece si no comprendemos Su amor. Él envió a Su Hijo Jesucristo para morir en la cruz para ganar nuestra salvación, y se ofende cuando alguien todavía piensa que puede salvarse por mérito propio. Nuestro pecado destruye toda posibilidad de *ganar* la salvación; tendríamos que ser *perfectos* para ganarla. Nuestros sacrificios más grandes y nuestras más nobles intenciones no pueden salvarnos. Hay una sola manera de obtener la vida eterna: Dios mismo tiene que *regalarla*.

Lea Romanos 4:1-5.

Según el versículo 3, ¿Por qué Abraham fue aceptado por Dios como justo?

◊◊

¿Cuál es el contraste que se hace en el versículo 4?

◊◊

Según el versículo 5, ¿Cómo puede uno ser aceptado por Dios como justo?

◊◊

¿Cuál de las siguientes ilustraciones demuestra lo que es la gracia?

_____a. Un padre le dice a su hijo que le comprará una bicicleta si saca buenas notas en la escuela. El joven se esfuerza y recibe el premio.

_____ b. Poco antes de Navidad un padre encuentra que su hijo ha sacado malas notas en la escuela. Este le entristece, pero le compra una bicicleta para Navidad de todas maneras, para mostrarle que le ama. Además, empieza a ayudarle con sus estudios.

REPASO

Nota: Si tiene dudas acerca de alguna pregunta de repaso, puede buscar las respuestas en el apéndice al final del libro.

1. ¿Qué es la "gracia?"

◊◊

2. ¿Qué es lo opuesto de recibir algo por gracia?

◊◊

3. ¿Por qué ofrece Dios la salvación por gracia?

◊◊

Para Conversar

1. ¿Cómo le hace sentir el hecho de que Dios le ama por gracia y no por méritos suyos?

2. ¿Qué opina? ¿Por qué es difícil para algunas personas aceptar el hecho de que la salvación es por gracia?

Texto para Memorizar

Porque por gracia ustedes han sido salvados por medio de la fe, y esto no procede de ustedes, *sino que es* don de Dios; no por obras, para que nadie se gloríe.

Efesios 2:8-9 (NBLA)

2

La Justicia y la Misericordia de Dios

EL "PARARRAYOS"

Muchos edificios altos tienen varas de hierro en el techo para protegerse de los relámpagos peligrosos. Se llaman "pararrayos". Jesús era nuestro "pararrayos", porque recibió el voltaje de la ira de Dios en contra del pecado, y así nos salvó.

EL LAGO DEL PECADO

"El corazón de Cristo era como un embalse
en medio de las montañas.
Todos los esteros tributarios de iniquidad,
y cada gota de los pecados de su pueblo,
corrían a juntarse en un gran lago,
profundo como el infierno,
y extenso como la eternidad, sin orilla.
Todo esto se unió en el corazón de Cristo,
y todo lo sufrió."

Charles Spurgeon, 1859

Para Reflexión Previa

Cuando piensa en Dios, ¿cómo lo imagina? ¿Cómo es? ¿Está sonriendo? ¿Está enojado? Describa cómo lo ve.

Estudio Bíblico

Hay dos tendencias equivocadas en la manera de imaginar a Dios: verlo demasiado severo, sin amor, o verlo demasiado liviano y bondadoso, sin firmeza. Algunas personas tienden a minimizar la *misericordia* de Dios; y otras tienden a minimizar la *justicia* de Dios. La verdad es que la Biblia nos enseña que Dios es a la vez *justo y misericordioso*.

Lea Romanos 1:18.

¿Contra qué (o contra quién) muestra Dios su ira?

◊◊

Lea Romanos 2:1.

¿Por qué no tenemos derecho a condenar a otros?

◊◊

Lea Romanos 3:9-20.

¿Cómo describe este pasaje a la humanidad?

◊◊

Según los versículos 19 y 20, ¿qué efecto produce la ley de Dios?

◊◊

Lea Mateo 5:22 y Juan 3:18-19.

¿Qué merecemos por nuestro pecado?

◊◊

Lea Romanos 3:21-26.

En el versículo 25, se usa la palabra *propiciación* para describir a Jesús. (Así es en la versión *NBLA, La Nueva Biblia de las Américas* y en la versión *RV, Reina Valera.* En la versión *Dios Habla Hoy,* dice *instrumento de perdón.*) Esta palabra viene de las costumbres de los judíos en los tiempos del Antiguo Testamento, antes de Cristo. En su templo había un *lugar santísimo* que representaba la presencia de Dios. En este lugar estaba el *arca del pacto,* una caja de madera que contenía una copia de la ley. Encima había dos figuras de oro, ángeles llamados querubines, y una tabla de oro llamada el *propiciatorio.* Una vez al año el sumo sacerdote entraba en este lugar para rociar la sangre de un cordero sobre este *propiciatorio* (ver Éxodo 25:10-22.) Este acto simbolizaba el perdón de los pecados cometidos por el pueblo, o la *propiciación.* La matanza del cordero representaba un sacrificio sustituto que apaciguaba la ira de Dios. Era un símbolo de Jesús, el "Cordero de Dios" que estaban esperando, cuya sangre cubre nuestros pecados.

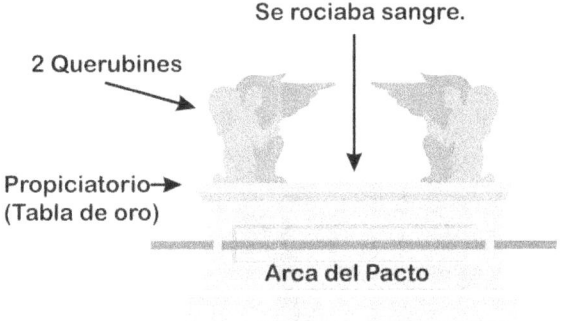

Se rociaba sangre.

2 Querubines

Propiciatorio→
(Tabla de oro)

Arca del Pacto

DEFINICIÓN

UNA PROPICIACIÓN ES:

UN SACRIFICIO PARA APACIGUAR LA IRA DE DIOS.

En Romanos 3:21-26, Pablo enseña que, de esta manera, Dios manifiesta tanto Su justicia como Su misericordia. Piense en esto: si Dios simplemente se olvidara del pecado del hombre, no sería *justo*; sin embargo, si Dios simplemente castigara al hombre por su pecado, no sería *misericordioso*. Por lo tanto, cuando envió a Jesús para ser castigado por nuestros pecados, no solo hizo justicia, sino que también, con su misericordia, nos dio un escape de la condenación eterna.

JUSTICIA — Dios castiga el pecado.

MISERICORDIA — Cristo sufre el castigo en nuestro lugar.

¿En qué sentido Dios manifiesta Su *justicia* y Su *misericordia* en la cruz?

◊◊

Jesús es llamado una P_____ (o "Instrumento de P _____.")

REPASO

1. En esta lección estudiamos dos aspectos del carácter de Dios:

   a. Su _____, y

   b. Su _____.

2. ¿Cómo describe la humanidad Romanos 3?

◊◊

3. ¿Qué merecemos por el pecado?

◊◊

4. Explique en qué sentido Dios manifiesta Su justicia y Su misericordia a la misma vez en la cruz.

◊◊

5. ¿Qué significa que Jesús es nuestra "propiciación?"

◊◊

Para Conversar

1. ¿Ha cambiado su concepto de Dios al estudiar esta lección? ¿Cómo?

2. ¿Qué implicaciones prácticas tiene el hecho de que Dios es a la vez justo y misericordioso? ¿Cómo afecta la manera en que deberíamos relacionarnos con Dios y las demás personas?

Texto para Memorizar

Pero Dios, que es rico en misericordia, por causa del gran amor con que nos amó, aun cuando estábamos muertos en nuestros delitos, nos dio vida juntamente con Cristo
(por gracia ustedes han sido salvados).

Efesios 2:4-5

3

LA CREACIÓN;
TODO EN ARMONÍA

MEJOR QUE SU LUGAR FAVORITO

Uno de mis lugares favoritos es el sur de Chile. Está lleno de volcanes cubiertos de nieve, esteros enérgicos, lagos hermosos, cerros verdes, ¡y las vacas más felices del mundo! Cuando visito esa zona, me renuevo en espíritu y en mente. Olvido todos mis problemas y me relajo, disfrutando del paisaje tranquilo, y del aire fresco y limpio. Me encanta comer el pescado, los quesos, las salchichas, los chocolates, y los pasteles de ese sector, porque todo es sano y sabroso.

El lugar me da una pequeña idea de lo que puede haber sido el Huerto de Edén. Seguramente usted tiene un lugar favorito también. Pero Edén era más hermoso que cualquier lugar que pudiéramos experimentar ahora, porque el pecado no había entrado el mundo todavía. Todo estaba en armonía, y lo más importante era su relación cercana con Dios.

Para Reflexión Previa

¿Cómo habría sido para Adán y Eva vivir en el Huerto de Edén en el principio, antes de que existiera el pecado? ¿Cómo se relacionaban entre ellos? ¿Cómo era su relación con los animales? ¿Con Dios?

Estudio Bíblico

El mundo de hoy parece muy conflictivo; hay guerras, enfermedades, hambre, y sufrimiento de todo tipo. Algunos culpan a Dios, preguntando, ¿por qué lo permite? En esta lección, aprenderemos que Dios en el principio hizo todo en armonía.

Lea Génesis 1:1-2:3.

¿Qué frase se repite en los siguientes versículos? 1:4, 1:12, 1:18, 1:21, 1:25, y 1:31.

◊◊

Dios hizo todo bueno y, en el principio, no había conflictos.

En este primer capítulo de la Biblia aprendemos que:

a. Dios es <u>bueno</u> (porque todo lo creó bueno).

b. Dios es una <u>persona</u> (porque habla, razona, tiene sentimientos, y aprecia la belleza de Su creación).

c. Dios es <u>poderoso</u> (porque creó todo con el poder de Su palabra).

¿Qué otras cosas se pueden aprender acerca de Dios en Génesis 1?

◊◊

¡Piense en las implicaciones del hecho de que Dios es una persona!

a. Podemos comunicarnos con Él.
b. Podemos amarlo y ser amados por él.
c. Él tiene emociones como la felicidad, la tristeza, y el enojo.
d. Él es creativo y aprecia la belleza.

Anote otras implicaciones del hecho de que Dios es una persona:

◊◊

En este pasaje aprendemos aspectos importantes del ser humano también:

a. Somos la imagen de Dios.
b. Somos hombres y mujeres.
c. Tenemos autoridad sobre la tierra y los animales.

¿Qué más se puede aprender acerca del ser humano en Génesis, capítulo 1? Anote sus ideas:

◊◊

DEFINICIÓN

Ser *LA IMAGEN DE DIOS* significa ser:

SEMEJANTE A DIOS, PERO NO IGUAL.

El ser humano tiene un sentido moral y espiritual, tiene emociones, es creativo, aprecia la belleza, razona, se comunica, y toma decisiones, por ejemplo.

¿Puede pensar en otras formas en que el ser humano es la *imagen de Dios*? Piense en cómo se distingue de los animales.

◊◊

REPASO

1. El punto principal de esta lección es que Dios creó todo en A_____.

2. Dios vio que todo era B_____.

3. Se destaca un aspecto de Dios, que él es una P_____,

   y un aspecto del ser humano, que es la I_____ de Dios.

4. El hecho de ser *la imagen de Dios* significa ser...

S_____ a Dios, pero no I_____.

Para Conversar

1. Después de la Caída, ¿es el ser humano todavía la imagen de Dios? (ver Génesis 9:6)

2. ¿Cómo afecta su actitud hacia otras personas el hecho de que son la imagen de Dios? ¿Cambiará su manera de relacionarse con personas que parecen difíciles de respetar? ¿Puede dar un ejemplo?

3. ¿Se puede armonizar el relato bíblico de la creación con la teoría de la evolución? ¿Cómo? ¿Cuál es su opinión?

Texto para Memorizar

Dios vio todo lo que había hecho;
y *era* bueno en gran manera.

Génesis 1:31

4

La Caída;
La Separación

Peor que una Bomba Atómica

La Caída fue peor que una bomba atómica; el pecado explotó en pedazos todas las relaciones y corrompió todo. Ahora el conflicto domina toda la creación. Todos tendemos a ser egocéntricos. Anhelamos sentir que estamos sanos, que pertenecemos, que somos amados incondicionalmente, tal como se sentían antes de la Caída. Añoramos volver al Huerto de Edén, pero está cerrada la puerta.

Algunas personas intentan negar la culpa humana, argumentando que es solo la influencia de la sociedad la que nos hace sentir culpables. Sin embargo, la Biblia enseña que hay culpa verdadera. A veces nos sentimos culpables innecesariamente, pero es más frecuente que hayamos hecho algo indebido. Cuando pecamos, no sólo tenemos una *conciencia* culpable, sino también un *registro legal* de culpabilidad ante los ojos de Dios, por el cual merecemos castigo.

Subestimamos la gravedad de nuestro pecado. El problema no es que hagamos algo malo en abstracto; el problema es que ofendemos personalmente a un Dios santo cada vez que pecamos con nuestras palabras, pensamientos, sentimientos y acciones. Además, también pecamos al no hacer lo que deberíamos hacer.

Recuerde que Él es el Creador todopoderoso y omnisciente del universo. Si nos encontráramos cara a cara con Él, temblaríamos y caeríamos al suelo delante de Él.

[El gráfico en la página anterior es de una pintura de Hennyer E. Delgado Chacón]

Para Reflexión Previa

Tome el lugar de Adán y Eva *después* de que fueran expulsados del Huerto de Edén:

1. ¿Qué contraste había con su vida anterior?

2. ¿Cómo afectó el pecado a la humanidad y el mundo?

3. ¿Puede imaginar cómo se sentían en el momento en que Dios los expulsó?

Estudio Bíblico

No podemos culpar a Dios por los problemas en este mundo, pues Él creó todo bueno. El ser humano mismo causó los problemas cuando pecó. En esta lección analizaremos los resultados de la Caída.

Lea Génesis 2:16-17.

¿Cuál fue la única prohibición en el huerto de Edén?

◊◊

Lea Génesis 3:1.

¿Cómo distorsionó la serpiente este mandamiento?

◊◊

Lea Génesis 3:4-5.

La serpiente le atribuyó a Dios un motivo negativo por esta prohibición. ¿Cuál fue este motivo?

◊◊

Lea Génesis 3:6.

¿Por qué Eva decidió comer del fruto?

◊◊

¿Qué se puede aprender acerca de la naturaleza de la *tentación* en estos pasajes?

◊◊

Adán y Eva decidieron hacerle caso a la serpiente y no a Dios. En el fondo, el pecado que causó la Caída era un intento de *independizarse de Dios*. Cuando Dios dijo que no comieran, que morirían si lo hacían, deberían haberle creído, porque era Dios su creador quien les hablaba. Sin embargo, empezaron a dudar de Él y tomaron una decisión basada en lo que *ellos* estimaban correcto. Pretendían saber más que Dios; pretendían ponerse por sobre Dios y ser dueños de sus propias vidas. En una palabra, la causa de la Caída fue la actitud de *arrogancia*.

Analicemos los resultados del pecado, repasando Génesis, capítulo 3:

¿Qué consecuencias de la Caída se muestran en los siguientes versículos?

3:7

◊◊

3:8-10

◊◊

3:12-13

◊◊

3:16

◊◊

3:17-18

◊◊

3:19

◊◊

3:23-24

◊◊

¿Cuáles de las siguientes relaciones se rompieron como consecuencia del pecado?

___ a. Entre el ser humano y Dios.

___ b. Entre el ser humano y otras personas.

___ c. Entre el ser humano y la naturaleza.

___ d. Entre el ser humano y su propio corazón.

Lea Romanos 5:12.

¿Cómo afectó al mundo el pecado de Adán?

El P_____ y la M_____ se extendieron a todo el mundo.

Podríamos dibujar las consecuencias de la Caída así:

Repaso

1. En el fondo la Caída era un intento de I_____ de Dios.

2. En una palabra, la causa de la Caída fue la actitud de A_____.

3. Como consecuencia de la Caída las relaciones fueron quebrantadas:

    a. Entre el ser humano y _____.

    b. Entre el ser humano y _____.

    c. Entre el ser humano y _____.

    d. Entre el ser humano y _____.

4. Por medio del pecado de Adán, el P_____ y la M_____ se extendieron a todo el mundo.

Para Conversar

¿En qué maneras concretas vemos las consecuencias de la Caída mencionadas en Génesis 3 en la sociedad hoy?

Texto para Memorizar

Por tanto, tal como el pecado entró en el mundo por medio de un hombre, y por medio del pecado la muerte, así también la muerte se extendió a todos los hombres, porque todos pecaron.

Romanos 5:12

5

LA OBRA DE CRISTO;

LA RECONCILIACIÓN

SE TIRÓ EN EL RÍO

Todavía recuerdo el momento que llamaron para decir que el padre de mi amigo se había ahogado. Siempre había sido muy amable con nosotros. Nos llevaba a acampar, a pescar, y a nadar en el río, o en el lago.

Mi amigo y su hermana estaban nadando, y una corriente se había apoderado de ellos. Su padre se tiró en el agua y los salvó, pero después ya no tenía fuerza para resistir la corriente.

Eso es lo que hizo Cristo por nosotros. Murió para salvarnos.

Pero hay dos diferencias: Primero, Jesús entregó su vida voluntariamente por nosotros. No fue un accidente. Segundo, Cristo venció la muerte y resucitó.

Jesús preguntó a los discípulos una vez, "¿Quién dicen los hombres que es el Hijo del Hombre?" Después les preguntó a ellos mismos, "Y vosotros, ¿quién decís que soy yo?" (Mateo 16.13-15).

No hay pregunta más importante: ¿Quién es Jesús para usted?

¿Es simplemente un buen hombre, o es su Salvador?

"Creo que no hay nada más bello, más profundo, más compasivo, más razonable, más valioso y más perfecto que Cristo.

(Fyodor Dostoyesvsky)

Para Reflexión Previa

¿Qué significa la "salvación" en la Biblia?

Estudio Bíblico

A veces hablamos de la "salvación" como si significara solamente el hecho de ir al cielo después de morir. Aunque es la verdad que esta es una de las promesas más hermosas del evangelio, la Escritura enseña que nuestra salvación incluye muchas bendiciones más.

Lea Colosenses 1:18-20.

Según el versículo 20, ¿cuál fue el propósito de Dios al enviar a Cristo a morir en la cruz?

◊◊

¿Qué sugiere la frase "primogénito de entre los muertos" en el versículo 18? ¿Qué sucedió tres días después de la crucifixión de Jesús?

◊◊

¿Cuáles son los dos hechos importantes de la obra redentora de Jesús mencionados en estos versículos?

Su M_____ y Su R_____.

¿Qué definición podríamos dar a la salvación, según estos versículos? ¿Qué logró Jesús con Su muerte y resurrección?

◊◊

Lea Efesios 1:7-10.

Según este versículo, ¿cuál fue el propósito de Dios al enviar a Cristo?

◊◊

¿Qué definición podríamos dar a la salvación, según este versículo?

◊◊

En ambos pasajes hay una palabra clave que resume la obra de Cristo:

  a. En Colosenses 1:20 la palabra es *reconciliar*.
  b. En Efesios 1:10 la palabra es *reunir*.

¿Cuántas cosas han sido reconciliadas o reunidas en Cristo, según ambos pasajes?

◊◊

Entonces, ¿cuáles de los siguientes aspectos se incluyen en la reconciliación?

  a. __ La relación entre el ser humano y Dios
  b. __ La relación entre el ser humano y otras personas
  c. __ La relación entre el ser humano y la naturaleza.
  d. __ La relación entre el ser humano y su propio corazón.

Escribiremos dos definiciones de la "salvación."

DEFINICIÓN

LA PRIMERA DEFINICIÓN DE LA SALVACIÓN:

LA RECONCILIACIÓN DE TODAS LAS COSAS EN CRISTO

Jesús vino a morir en la cruz para reconciliarnos con Dios, pagando la *cuenta* por nuestros pecados, clavándola en la cruz; y resucitó de entre los muertos para vencer el *poder* del pecado. Esta obra de Cristo trae bendiciones para todas las relaciones del hombre: Con Dios, con su prójimo, con la naturaleza, y con su propio ser.

Todos los efectos de la Caída son sanados por Cristo. Esto nos da la segunda definición de la salvación:

Definición

La Segunda Definición de la Salvación:

La Liberación del Pecado y de Todas sus Consecuencias

Considere los resultados de la Caída y escriba algunos problemas específicos que eventualmente serán sanados, gracias a lo que Jesús hizo por nosotros:

Piense en su familia.

◊◊

Piense en sus emociones:

◊◊

Piense en sus creencias:

◊◊

Piense en la eternidad:

◊◊

Piense en su cuerpo:

◊◊

Piense en su carácter:

◊◊

Piense en su trabajo:

◊◊

Piense en otras áreas de su vida:

◊◊

Lea Filipenses 3:12.

¿Qué nos enseña este versículo acerca de cuándo experimentamos todos los aspectos de la salvación?

◊◊

La salvación ganada por Cristo es una salvación *total*. Sin embargo, aún no experimentamos todos los aspectos de la salvación en forma completa. La culminación de la salvación sucederá cuando Jesús vuelva a establecer finalmente su reino. Tenemos la salvación *YA COMPRADA* pero *TODAVÍA NO* ha sido *TERMINADA*.

Es como heredar una gran cantidad de dinero depositada en una cuenta de ahorros *a plazo*. Uno no puede sacar todo el dinero hasta que termine el período estipulado, pero recibe intereses regularmente, mientras tanto.

Observe la siguiente figura:

La Intersección de las Épocas

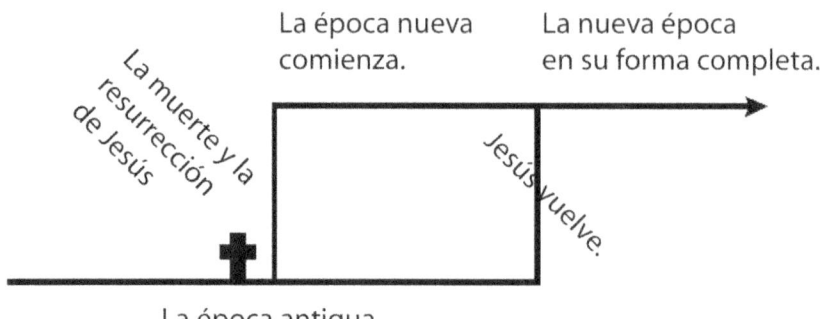

Cuando murió y resucitó Jesús, la época nueva empezó. Sin embargo, la época antigua no termina hasta que Él vuelva. Mientras tanto, vivimos en el período de la "intersección de las épocas." Jesús ya compró la salvación, pero no experimentamos todos los beneficios hasta que Él establezca Su Reino en su forma final.

Si cree en Jesús como su Señor y Salvador, ya está reconciliado con Dios, y el proceso de la liberación del pecado y sus consecuencias está en progreso. Durante este período de transición, hay tres categorías para los distintos aspectos de la salvación:

1. YA,
2. TODAVÍA NO, y
3. EN PROCESO

¿Qué opina? Trate de identificar si los siguientes aspectos de la salvación están presentes en forma completa (escribe *YA*), si aún no los experimentamos en ningún sentido (*TODAVÍA NO*), o si ya los estamos experimentando, pero en forma parcial (*EN PROCESO*):

a. _____ Nuestros pecados han sido perdonados.

b. _____ Somos hijos de Dios.

c. _____ Tenemos un nuevo cuerpo.

d. _____ No hay muerte física.

e. _____ Hay nuevos cielos y nueva tierra.

f. _____ Amamos a nuestro prójimo.

g. _____ Entendemos la verdad.

h. _____ Hacemos justicia.

REPASO

1. ¿Qué hizo Jesús para comprar nuestra salvación? Anote los dos hechos importantes de Su obra redentora:

◊◊

2. Anote las dos definiciones de la salvación explicadas en esta lección.

◊◊

3. La salvación YA ha sido C _____, pero TODAVÍA NO ha sido T_____ .

Para Conversar

1. ¿Ha sido reconciliado con Dios? Es decir, ¿le ha pedido perdón por sus pecados, confiando en Jesús para su salvación? *Si no es así, puede orar ahora mismo, pidiéndole perdón y dándole gracias por la obra de Jesús.*

2. ¿Qué implicaciones prácticas ve en las definiciones amplias de la salvación que vimos en esta lección?

3. Conversen acerca del dibujo "La intersección de las épocas." ¿Tiene sentido? ¿Tiene dudas? ¿Le ayuda?

4. Si ha sido reconciliado con Dios, ¿ve también frutos de esta reconciliación en su relación con otras personas? ¿En qué forma debería reflejarse esto?

Texto para Memorizar

Y por medio de Él reconciliar todas las cosas consigo,
habiendo hecho la paz por medio de la sangre de Su cruz.

Colosenses 1:20

6

EL LLAMADO

"¡VEN Y SÍGUEME!"

Un amigo mío había sido "hippie" cuando era joven. Viajó por todo el mundo, buscando el significado de la vida. Cuando se sentía traicionado por algunos amigos, volvió a los Estados Unidos.

Un día estaba en la casa de su abuelo, revisando cosas antiguas en una bodega, y encontró un pequeño Nuevo Testamento. Lo tomó, lo empezó a leer, y no lo pudo dejar.

Dice que, cuando terminó de leer los evangelios, se dio cuenta quién era Jesús. "Cuando leí que Jesús decía, 'ven y sígueme', ¡no pude resistirlo!"

¿Y usted? ¿Se ha dado cuenta de quién es Jesús? ¿Ha escuchado Su llamado? ¿Lo está siguiendo?

Para Reflexión Previa

¿Cuándo empezó el proceso de su salvación?

Estudio Bíblico

Una de las enseñanzas bíblicas que proporciona más confianza y consuelo al cristiano es el hecho de que Dios toma la iniciativa para salvarnos. La salvación procede y depende de Dios.

Lea Efesios 1:3-5.

Según este pasaje, ¿cuándo nos escogió Dios?

◊◊

Lea 1 Juan 4:19.

¿Quién tomó la iniciativa para amar primero?

◊◊

Lea Romanos 8:29-30.

Este pasaje menciona dos cosas que Dios hizo antes de *llamarnos*. ¿Cuáles son?

a.

b.

Observe que NO dice que Dios conoció de antemano algo *sobre* estas personas. Literalmente dice que las conoció a *ellas mismas* de antemano. ¡Significa que Dios nos amó en la eternidad antes de que naciéramos! Hay una diferencia importante entre saber algunas cosas *sobre* Napoleón y conocerlo personalmente.

Este pasaje es paralelo a Efesios 1:3-5 que leímos arriba, donde Pablo dice que Dios "nos escogió en Él antes de la fundación del mundo, para que fuéramos santos y sin mancha delante de Él. En amor nos predestinó para adopción como hijos." ¡Ahí comenzó nuestra salvación! ¡Dios, que está por encima del tiempo, nos amó desde antes de la creación del mundo! Este amor eterno es la razón por la que nos eligió para ser como Jesús, y es la razón por la que envió a Jesús a morir por nosotros. ¡Qué lindo y confortante saberlo!

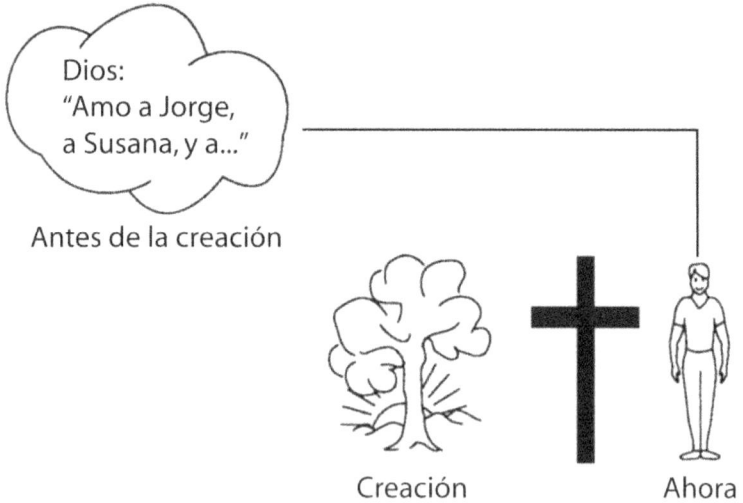

La palabra traducida *predestinar* significa *planificar de antemano*.

Según Romanos 8:29, ¿qué predestinó Dios en relación con aquellos que Él conoció?

◊◊

En resumen, Dios nos:

1. **conoció (amó),**
2. **predestinó, y**
3. **llamó.**

Dios no nos llamó, entonces, porque éramos buenas personas, porque veía que íbamos a creer, porque asistíamos a la iglesia, o porque pertenecíamos a una familia cristiana. Cualquier motivo como estos significaría que algo en *nosotros* era la base de nuestra salvación. Por el contrario, la salvación es por **GRACIA**.

Dios realiza dos tipos de *llamado*:

a. *El llamado exterior*: Dios nos presenta el evangelio.
b. *El llamado interior*: Dios nos trae a Cristo, cambiando nuestro corazón para que creamos en Él.

a. El llamado exterior

Lea Romanos 10:13-15.

Note los pasos del proceso cuando Dios opera en nuestras vidas para llevarnos a la salvación. Para ser salvos, tenemos que creer en Jesús e invocar Su nombre, pidiendo su salvación.

Y antes de poder creer, ¿qué tiene que suceder?

Dios, en su plan perfecto, ha decidido usar a otras personas como instrumentos en nuestra salvación. Para llamar a alguien, entonces, Dios siempre envía mensajeros; estos frecuentemente son familiares o amigos, alguien que comparte el evangelio con nosotros.

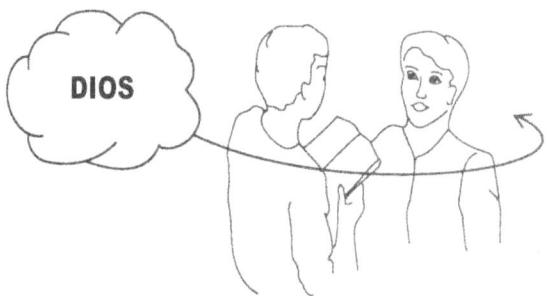

Lea Mateo 22:14.

No todos los que han sido llamados *externamente* serán salvos. Para eso, tenemos que creer en Jesús. Y para creer en Él, necesitamos ser llamados *interiormente* también.

b. El llamado interior

El llamado interior incluye la transformación del corazón para que pueda responder con fe.

Lea Juan 3:3.

Para ver el reino de Dios, uno tiene que _____.

Nacemos de nuevo cuando el Espíritu Santo nos da un nuevo corazón, capaz de responder al evangelio. A veces llamamos esta obra de Dios la *regeneración*.

Este es el orden:

> Dios nos amó (nos conoció).
> Dios nos predestinó.
> Dios nos llamó externamente.
> Dios nos llamó internamente.

Después de que Dios hace esto, responderemos con arrepentimiento y fe. Explicaremos estos aspectos en las próximas lecciones.

Lea Hechos 16:29–31.

¿Qué le dicen Pablo y Silas al carcelero?

◊◊

Repaso

1. Anote las definiciones:

 a. El llamado exterior:

 b. El llamado interior:

2. ¿Cuándo empezó su proceso de salvación?

◊◊

3. Coloque los términos en el orden correcto: Llamado externo, Amor de Dios, Predestinación, Llamado interior.

 a.
 b.
 c.
 d.

4. ¿Qué significa la *predestinación*?

◊◊

Para Conversar

1. El hecho de que Dios nos haya elegido antes de la fundación del mundo, ¿significa que somos totalmente pasivos en el proceso de recibir nuestra salvación? ¿Qué tenemos que hacer nosotros?

2. Antes de estudiar esta lección, ¿sabía que Dios le amó y le escogió antes de la fundación del mundo? ¿Cómo le hacer sentir al saberlo? ¿Le hace sentirse más seguro de su salvación?

TEXTO PARA MEMORIZAR

Porque Dios nos escogió en Cristo antes de la fundación del mundo, para que fuéramos santos y sin mancha delante de Él

Efesios 1:4

7

EL ARREPENTIMIENTO

¡FUERA, MALDITA MANCHA!

En la obra de Shakespeare, Lady Macbeth había animado a su marido a matar al rey, y al final se vuelve loca, debido a su sentido de culpa. Imagina que sus manos están permanentemente manchadas, y friega las manos desesperadamente para remover la sangre. Grita, "¡Fuera, maldita mancha!" Pero no se puede eliminar la culpa.

Solamente el arrepentimiento verdadero puede traer perdón y paz en el corazón.

UN CAFÉ SALADO

Recuerdo cuando estaba en Cuba, sentado en un balcón, tomando desayuno con el rector del *Seminario Los Pinos*. Su esposa nos había preparado un café rico, hecho de granos seleccionados personalmente el día anterior, con ese aroma inolvidable, y nos ofreció lo que parecía azúcar. Don Ramón y yo echamos un par de cucharadas del polvo blanco en nuestro café, y lo revolvimos con entusiasmo, ansiosos de probar el néctar divino. Pero antes de que yo pudiera poner la tasa a mis labios, don Ramón lo probó, se arrugó la cara, y gritó, "¡Margarita! ¡Esto es sal, y no azúcar!" Ella se puso roja, y pidió disculpas varias veces. "¡Lo siento! ¡Lo siento!" ¿Qué podía hacer? Solamente una cosa: Tuvo que preparar otro café fresco. Ya no tenía remedio el café con sal. No importa la cantidad de azúcar que echáramos, todavía estaría malo. Así el pecado afecta nuestra vida; no puedes simplemente agregar buenas obras para eliminar el sabor de la culpa. Falta una renovación espiritual.

Solamente el arrepentimiento verdadero puede traer renovación espiritual.

PARA REFLEXIÓN PREVIA

¿Qué significa el *arrepentimiento*?

ESTUDIO BÍBLICO

Lea Hechos 17:30.

Según este versículo, ¿qué deben hacer todos?

◊◊

Lea Hechos 3:19.

¿Qué sucede con nuestros pecados cuando nos arrepentimos?

◊◊

Lea 2 Corintios 7:9-10.

¿Cuál es la actitud relacionada con el arrepentimiento?

◊◊

Lea Lucas 3:8-14 y Hechos 26:20.

Además de la tristeza, ¿qué incluye el arrepentimiento verdadero?

◊◊

DEFINICIÓN

EL ARREPENTIMIENTO ES:

UN CAMBIO DE ACTITUD Y UN CAMBIO DE VIDA

Este cambio incluye:

a) Sentir tristeza por el pecado,
b) Pedir perdón,
c) Dejar el pecado, y
d) Seguir a Jesús.

Arrepentirse es como dar una media vuelta. Está caminando en el pecado, y da vuelta para seguir al Señor.

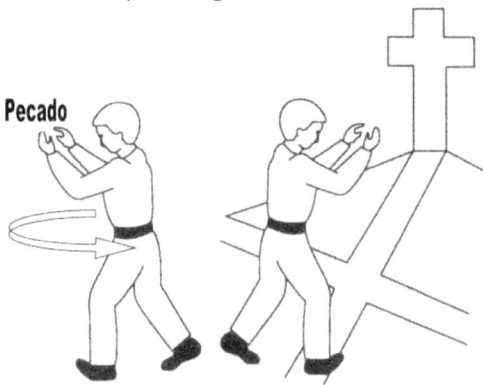

¿Cuál de las siguientes personas se ha arrepentido en el sentido bíblico de la palabra?

____ a. "¡Ya estoy cansado de emborracharme y pelear! ¡Siempre termino en el hospital! ¡Voy a cambiar mi vida!"

____ b. "Me siento muy mal por haberte ofendido, Señor. He sido muy egoísta y deshonesto. ¡Perdóname y ayúdame a cambiar!"

____ c. "Yo sé que no debo seguir sacando dinero de la caja, pero siempre puedo ir a la iglesia para confesar mis pecados los domingos."

Explique los errores en los dos casos arriba, donde el arrepentimiento no era verdadero:

◊◊

Lea Marcos 10:17-22.

¿El joven rico se arrepintió?

◊◊

¿Qué faltó para que fuera un arrepentimiento verdadero?

◊◊

Lea Lucas 15:17-21.

¿Cómo se manifiesta el verdadero arrepentimiento en el hijo pródigo?

◊◊

Lea Salmo 51:1-10.

¿Qué podemos aprender acerca del verdadero arrepentimiento en este Salmo?

◊◊

Lea Juan 13:10.

Hay un primer arrepentimiento que es el primer paso en ser cristiano. Significa pedir perdón por todos sus pecados para ser salvo. Hasta ahora hemos estado hablando de la palabra en este sentido. Es como un baño completo. Se hace una sola vez.

Sin embargo, hay otro sentido en que debemos seguir arrepintiéndonos. Después de la primera limpieza, aun siendo cristiano, uno todavía sigue pecando y necesita arrepentirse regularmente. Cada vez que se da cuenta de un pecado, debería pedir perdón. Esto es como lavarse los pies.

REPASO

1. Defina el arrepentimiento.

◊◊

2. Explique la diferencia entre el primer arrepentimiento y otros arrepentimientos.

◊◊

PARA MEDITAR

1. ¿Ha experimentado Ud. un arrepentimiento en el primer sentido? Es decir, ¿Ha pedido perdón por todos sus pecados? Si no lo ha hecho, ¡Ud. debe hacerlo ahora! No deje pasar este día sin meditar

en su vida, en sus pecados. Pídale perdón al Señor y pídale ayuda para seguir Su camino. Dé una media vuelta del pecado hacia Jesús. ¡Él no le defraudará!

2. Si Ud. ya dio este primer paso, ¿tiene la costumbre de arrepentirse y pedir perdón regularmente, cuando se da cuenta de algún pecado?

Para Conversar

1. Analice este comentario. ¿Le parece correcto? ¿Por qué?

    "El amor significa nunca tener que decir, 'Lo siento.'"

2. ¿Cuál es la diferencia entre el arrepentimiento verdadero y las *resoluciones* que se hacen para el año nuevo?

3. ¿Cuál es la diferencia entre el *arrepentimiento* y la *penitencia*?

Texto para Memorizar

…Dios declara ahora a todos los hombres,
en todas partes, que se arrepientan.

Hechos 17:30

8

LA FE REDENTORA

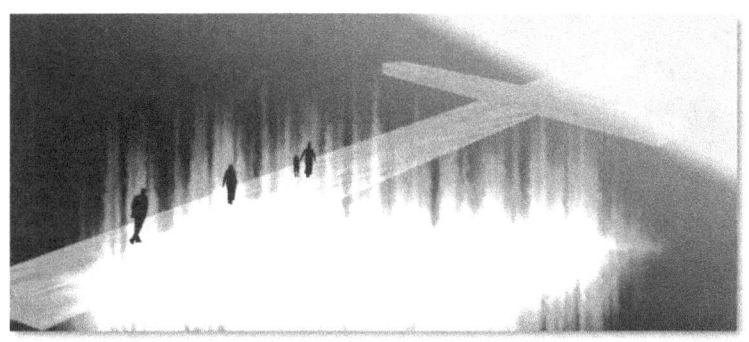

La fe salvadora no es un "salto ciego".

Algunos teólogos consideran la fe cristiana como un acto inseguro e irracional; significa creer lo imposible. Francis Schaeffer corrigió este malentendido, insistiendo en que había una diferencia entre la fe cristiana verdadera y un salto ciego. Lo siguiente es un resumen de su ilustración en el libro *Él está allí y no está callado*.

Supongamos que estamos escalando los Alpes, y de pronto nos sobreviene una neblina densa. Estamos perdidos y el guía dice que nos congelaremos antes del amanecer. Una persona decide amarrarse a una cuerda y tirarse sobre el precipicio hacia lo desconocido, esperando caer sobre un lugar protegido del frío. Esto es un salto ciego.

Ahora supongamos que los demás escuchamos a lo lejos la voz de un hombre, diciendo que sabe dónde podemos encontrar un lugar seguro y protegido del frío. No podemos ver al hombre, pero le preguntamos quién es, y nos damos cuenta de que su apellido pertenece a una familia que vive en la zona. Hacemos más y más preguntas, hasta empezar a confiar en él. Solamente después de desarrollar esta confianza, nos amarramos a una cuerda y bajamos al lugar que él nos ha indicado.

Esto representa la fe cristiana. Es una fe informada y segura, confiando personalmente en Jesús.

Para Reflexión Previa

¿Qué significa *creer* en Jesús?

Estudio Bíblico

En la lección anterior explicamos que cuando alguien se arrepiente, él abandona el pecado y sigue a Jesús. Sin embargo, para seguir a Jesús, uno necesita *fe*. En esta lección estudiaremos lo que significa *creer* en Jesús. Hay varios tipos de fe, pero es un solo tipo de fe que nos lleva a la salvación. Conoceremos primero lo que *no es* la fe redentora, y después lo que *es*.

I. Lo que NO es la fe redentora

A. La fe redentora no es mero conocimiento intelectual.

Alguien podría pensar, "Yo creo en Jesús," lo cual significa, "Yo sé que realmente existió un hombre llamado Jesús." Es como decir, "Yo creo en Aristóteles."

Lea Santiago 2:19.

¿Qué doctrina bíblica creen los demonios?

◊◊

¿Son salvos por creer eso?

◊◊

La gente puede creer muchas cosas correctas acerca de Dios, sin tener fe redentora. Por supuesto es bueno tener el conocimiento correcto, pero eso no es *suficiente* para ser salvo.

B. La fe redentora no es simplemente fe en milagros.

Otras personas piensan que tienen mucha fe porque creen que Dios es poderoso y que hace milagros. Quizás han experimentado sanidades, o han visto alguna manifestación extraordinaria del poder de Dios.

Lea Juan 3:1-3.

¿Nicodemo creía que Jesús había hecho milagros?

◊◊

¿Era salvo por creer eso?

◊◊

¿Qué le faltaba para poder tener fe redentora?

◊◊

Lea 2 Tesalonicenses 2:9-11.

¿Quién es capaz de hacer milagros falsos?

◊◊

Es bueno creer que Dios hace milagros, pero no es *suficiente* para salvarse. Aun Satanás cree eso, incluso él mismo hace cosas extraordinarias para engañar a la gente.

C. La fe redentora no es una esperanza insegura.

Algunos dicen que la fe es "creer lo imposible." Piensan, "si pudiera estar seguro, no necesitaría fe." Esto puede ser una manera de esconder una gran inseguridad. Quizás *espera,* por ejemplo, que Jesús realmente haya resucitado de entre los muertos, pero no está seguro. Lo que tiene es una *esperanza insegura*, y no *fe* verdadera. El concepto de un "salto ciego" es una expresión de esperanza insegura.

Lea Hebreos 11:1.

¿Qué nos dice acerca de la fe este versículo?

◊◊

II. Lo que ES la fe redentora

Definición

La Fe Redentora es:

Confianza en Jesús como...
1. Señor y
2. Salvador

Es una relación personal con Jesús que nos da seguridad de nuestra salvación y que produce sumisión a Él.

A. Jesús es Salvador.

Lea 1 Corintios 15:1-8.

Según este pasaje, uno tiene que creer el evangelio para ser salvo.

Según los versículos 3 a 8, ¿cuáles son los puntos esenciales del evangelio?

> a. Que Cristo...
>
> b. Que Cristo...
>
> c. Que Cristo...
>
> d. Que Cristo...

El hecho de que debemos creer que Jesús murió por nuestros pecados indica que debemos confiar en Él como nuestro...

> S _____.

Algunas personas "creen" que Jesús murió por los pecados del mundo, pero no han recibido ese perdón personalmente por sus propios pecados. ¿Ud. ha aceptado su perdón? Si no lo ha hecho, Ud. puede confesar sus pecados directamente a Dios en oración, y Él le perdonará.

Lea 1 Juan 1:9.

Si Ud. pidió perdón, ¿está perdonado?

◊◊

¿Quedan algunos pecados sin perdonar?

◊◊

B. JESÚS ES SEÑOR.

Lea Lucas 9:23-25.

Para ser salvo, según este texto, ¿qué es lo que uno tiene que hacer?

◊◊

Lea Romanos 10:9-11.

Para ser salvo, ¿qué debemos confesar con la boca?

◊◊

¿Qué debemos creer en el corazón?

◊◊

Estos dos pasajes indican que debemos confiar en Jesús como nuestro S_____.

Quizás Ud. sabe intelectualmente que Jesús es el "Señor," pero no ha entregado su vida a Él. Haga una oración diciéndole que, desde ahora en adelante, Ud. quiere obedecerle y cumplir su voluntad, que Él es la persona que manda en su vida.

Lea Mateo 1:21-23.

Anote los dos nombres del niño con el significado de cada uno.

J _____

Significado:

E _____

Significado:

¿Cuál de estos dos nombres sugiere que debemos creer en Jesús como nuestro Salvador?

◊◊

¿Cuál de los nombres sugiere que debemos confiar en Jesús como nuestro Señor?

◊◊

Tener fe en Jesús es como tener fe en un avión. Uno puede saber muchas cosas *acerca del avión* sin *confiar* en él. Si se le pregunta a alguien si tiene fe en el avión, puede decir que sí. Sin embargo, si se le pide que *suba* al avión, para hacer un viaje, ¡sólo en ese momento se sabrá si realmente tiene confianza en el avión! Es así con el Señor Jesús. Algunos piensan que tienen fe en él, ¡pero nunca han subido al avión! Sólo tienen una fe intelectual. Quizás crean que Él existe, que era un buen hombre, incluso pueden creer que murió por los pecados del mundo. Sin embargo, no es algo personal. No han aceptado el perdón por sus propios pecados y no le han entregado el mando de su vida.

¿Está Ud. confiando en el Señor en este sentido?
¿Ha subido al avión?

La decisión más importante en su vida es esta: *¿Voy a aceptar que Jesús sea mi Señor y Salvador?* **¡Hágalo hoy! ¡Reciba su perdón y entregue su vida a Él!**

REPASO

1. La fe redentora *no* es:

   a.

   b.

   c.

2. ¿Qué *es* la fe redentora?

◊◊

PARA CONVERSAR

1. ¿Es posible que alguien crea algunas doctrinas erróneas y todavía sea salvo? ¿Cuáles son algunas doctrinas clave que uno debe creer para ser salvo?

2. ¿Qué significa en la práctica confiar en Jesús como *Señor*? Mencione ejemplos.

TEXTO PARA MEMORIZAR

Que si confiesas con tu boca a Jesús *por* Señor,
y crees en tu corazón que Dios lo resucitó de entre los muertos,
serás salvo.

Romanos 10:9

9

LA JUSTIFICACIÓN

CON LA SOGA AL CUELLO

En sus años de mayor edad, Bob Dylan canta acerca de su miedo de ser condenado.

> Estoy bien vestido, esperando el último tren,
> Parado sobre la horca, con la soga al cuello.
> En cualquier momento estallará el desorden.
>
> He estado caminando cuarenta millas de camino malo.
> Si la Biblia tiene razón, el mundo explotará.
> He estado tratando de alejarme lo más lejos posible de mí mismo.

["*Things Have Changed*", 2000. Traducido del inglés.]

El hombre siempre se ha preguntado, "¿Cómo puedo estar bien con Dios?" Cuando uno considera su pecado y la santidad de Dios, se siente culpable y busca paz con su Creador. A veces la gente busca esta paz de una manera equivocada, normalmente tratando de hacer buenas obras, o quizás exponiéndose al sufrimiento para expiar su culpa. En esta lección, veremos la única manera de conseguir la paz con Dios.

Para Reflexión Previa

¿Cómo se puede definir la "justificación?"

Estudio Bíblico

Desde la antigüedad el hombre siempre se ha hecho la pregunta: "¿cómo puede un hombre ser considerado justo ante Dios?" (Ver por ejemplo Job 25:4 y 9:2.) En esta lección veremos cuál es la respuesta.

Lea Romanos 5:18-19.

Cuando Adán pecó, ¿cuál fue el resultado?

Resultó en la C _____. (v. 18)

Fueron constituidos P _____. (v. 19)

Cuando Jesús hizo justicia, ¿cuál fue el resultado?

Resultó en la J _____. (v. 18)

Serán constituidos J_____. (v. 19)

Definición

La Justificación es:

Un Veredicto Divino Que Nos Declara Justos y Libres de Culpa

LA **BASE** DE LA JUSTIFICACIÓN ES...

LA OBRA DE CRISTO

(¡No la buena conducta o mérito humano alguno!)

La justificación bíblica no significa *justificarse*, dando excusas falsas por nuestra conducta. Tampoco es el proceso de llegar a ser más justo. Ese proceso es llamado la "santificación," y lo estudiaremos en la próxima lección. La *justificación* es una posición *legal* frente a Dios. Significa que somos *declarados justos.* Por supuesto sabemos que realmente hemos sido culpables, pero Dios nos declara **legalmente libres de culpa**.

Esto tiene dos aspectos:

1) Los pecados son perdonados (¡pasados, presentes, y futuros!), y

2) La perfecta justicia de Jesucristo es considerada nuestra.

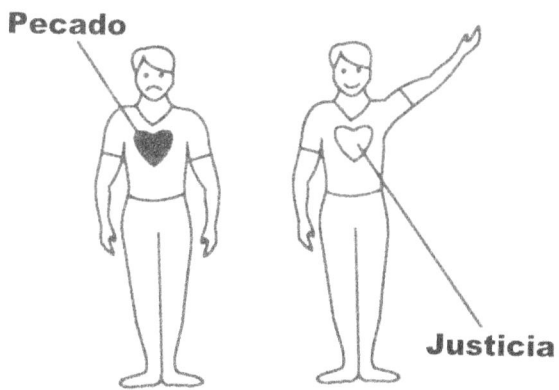

Lea Romanos 3:9-20.

Resuma en una sola frase el contenido de este pasaje.

◊◊

Lea Romanos 3:21-31.

Haga un resumen del contenido de estos versículos:

◊◊

Según la conclusión en el versículo 28, el hombre es justificado por la F_____, aparte las obras de la L_____.

Según el versículo 24, ¿cómo somos justificados?

◊◊

Según los versículos 26 y 27, ¿por qué Dios quiso que la justificación fuera por la fe?

◊◊

Lea Romanos 4:2-3.

Abraham C_____ a Dios y le fue contado por justicia.

Lea Romanos 4:16.

La justificación es por fe, para que esté de acuerdo con la G_____.

Lea Romanos 4:10-11.

¿Abraham fue justificado antes o después de ser circuncidado?

  a. __ antes

  b. __ después

Entonces, ¿podía decir Abraham que ya había sido justificado, o tenía que esperar hasta su muerte para estar seguro de que había sido justificado?

  a. __ podía decir que ya estaba justificado.

  b. __ tenía que esperar para estar seguro.

Siguiendo el mismo argumento, ¿es arrogante de parte de alguien que cree en Jesucristo decir que ya sabe que ha sido justificado y que es salvo?

◊◊

Lea Romanos 5:1.

¿Cuál es el resultado de la justificación?

◊◊

RESUMEN

a. La *definición* de la justificación es un veredicto divino que nos declara justos y libres de culpa.

b. La *base* de la justificación es *la obra de Cristo.*

c. El *medio* para ser justificado es *la fe.*

d. El *resultado* de la justificación es *paz con Dios.*

La fe es como una mano abierta que se extiende para recibir un regalo

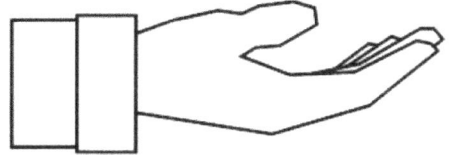

La JUSTIFICACIÓN es como si Ud. fuera un asesino condenado a morir, y Jesús se ofreciera en su lugar. El juez, Dios el Padre, dice que acepta este sustituto, y lo deja libre para siempre.

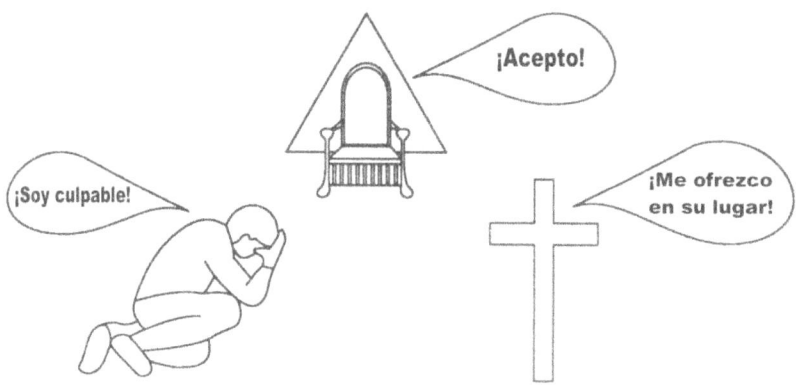

Todos tenemos un "registro de vida" con bastantes anotaciones negativas en nuestra contra. Jesús ofrece cambiar mi libro por el Suyo, lleno de anotaciones positivas en favor mío.

Para ilustrar esto en términos financieros, es como si tuviéramos una deuda de millones de dólares. Entonces Jesús no solo paga la deuda, ¡sino que deposita miles de millones de dólares en nuestra cuenta!

Lea Romanos 9:30-32.

¿Cuál fue el error de los judíos en cuanto a la justicia?

◊◊

Lea Romanos 11:6.

Algunos piensan que tienen que hacer una combinación de fe y obras para salvarse. Piensan que la salvación se gana en parte por obras y se recibe en parte por gracia. Según este versículo, ¿es correcto eso?

◊◊

Lea Romanos 3:28.

Según este texto, ¿contribuyen las obras al merecimiento de la justificación?

◊◊

Alguien puede *regalar* un auto, o lo puede *vender*, ¡pero no puede hacer ambas cosas a la vez! Si recibe algo en cambio, aunque sea un peso, ya no es un regalo. La vida eterna es un regalo. No debemos tratar de comprarla.

Nota: En otra lección estudiaremos el lugar de las buenas obras.

Si alguien está confiando en su propia conducta para su salvación, nunca puede estar seguro si ha hecho lo suficiente. *¿Cuán bueno debo ser para que Dios me acepte?* Realmente la respuesta es que tendría que ser *perfecto* para ganarse la vida eterna. El problema es obvio: *¡Nadie es perfecto!* Entonces, ¿cómo se puede salvar?

¡Solamente por fe en Jesús!

¿Cuál de las siguientes personas entiende la justificación por fe?

___ a. "Yo creo que Dios me va a aceptar en el cielo porque no he sido tan mala persona."

___ b. "Yo creo que Dios me va a aceptar en el cielo porque Él es muy bondadoso y no le molesta mi pecado."

___ c. "Soy pecador, pero creo en Jesús y sé que murió por mí en la cruz. He sido perdonado, y sé que tengo la vida eterna."

___ d. "Yo creo en Jesús, pero no estoy seguro si he sido suficientemente bueno para merecer la vida eterna."

___ e. "Nadie sabe si es justificado hasta que se muera."

___ f. "Soy justificado porque fui bautizado."

REPASO

La JUSTIFICACIÓN:

1. La definición:

◊◊

2. La base:

◊◊

3. El medio:

◊◊

4. El resultado:

Para Meditar

¿Ha recibido Ud. este regalo de la justificación? Si no lo ha hecho, ¡hágalo ahora! Pídale perdón a Dios por sus pecados: los presentes, los pasados y los futuros. Lea 1 Juan 1:9, y reclame esta promesa.

Para Conversar

Lea Miqueas 7:18-19. Según estos versículos, ¿qué hace Dios con nuestros pecados? ¿Qué significa esto para usted?

Textos para Memorizar

Todos son justificados gratuitamente por Su gracia
por medio de la redención que es en Cristo Jesús.

Romanos 3:24

Concluimos que el hombre es justificado por fe
aparte de las obras de la ley.

Romanos 3:28

10

LA SANTIFICACIÓN

LEGAL Y PERSONAL

Tengo una relación legal con mi esposa, y tengo una relación personal con ella. Hemos firmado un documento y prometido ser fieles el uno al otro, y a cuidarnos mutuamente. Somos legalmente responsables por nuestros hijos, y compartimos responsabilidades legales por nuestra casa y otras posesiones.

Pero nuestra relación es más que eso. ¡Nos amamos! Disfrutamos los momentos cuando conversamos, escuchamos música, miramos televisión, comemos juntos, miramos libros en las librerías, o cuando viajamos juntos. ¡Disfruto la compañía de mi esposa más que de cualquier otra persona!

Existe algo similar en nuestra relación con Dios; tenemos una relación legal y una relación personal. Antes de nuestra conversión, éramos legalmente culpables, y merecíamos la condenación. Estábamos separados de Dios, y no teníamos ningún derecho. Ahora hemos sido perdonados, una vez para siempre, cambiando nuestra situación legal. Esto se llama la "justificación". Ahora somos hijos de Dios, con los derechos de herencia. No obstante, tenemos que desarrollar nuestra relación personal con Dios y crecer en nuestro carácter. Este crecimiento espiritual se llama la "santificación".

La relación legal no cambiará nunca, pero la relación personal fluctúa, tal como la relación personal con mi esposa. Cuando le ofendo, no significa que tenga que casarme de nuevo con ella. Sin embargo, tengo que pedir perdón y remover la barrera personal que se la levantado. Tengo que restaurar la relación cercana. Es parecido con Dios. Cuando pecamos, no perdemos la salvación, pero tenemos que restaurar la comunión personal con Él.

Para Reflexión Previa

¿Cómo entiende Ud. estos términos?

1. La santificación
2. El libertinaje
3. El legalismo

Estudio Bíblico

Existen dos errores comunes en cuanto a la santidad: el libertinaje y el legalismo. El *libertinaje* es *vivir sin ley*, y el *legalismo* es *vivir como esclavo de la ley*. El libertino vive como quiere, sin tomar en cuenta la voluntad de Dios, y el legalista confía en la ley y en sus propios esfuerzos para ser justo, en vez de confiar en el Señor. El primero no le da mucha importancia a la santidad, y el segundo trata de santificarse a sí mismo.

Ninguna de estas posiciones es correcta. La santificación es necesaria porque es parte de la salvación, pero el poder para crecer viene de Dios.

Lea Romanos 6:1-2.

Después de explicar que la justificación es por la fe, en los capítulos 1-5 de Romanos, Pablo anticipa la pregunta, "Si todo es por gracia, entonces ¿por qué no seguir en el pecado?"

¿Cuál es la respuesta de Pablo?

◊◊

Lea Romanos 6:14.

Un aspecto importante de nuestra salvación es la *liberación del poder del pecado*. Aunque es cierto que todavía pecamos, según el versículo 14, ¿qué no puede hacer el pecado?

◊◊

Lea 2 Corintios 5:17.

Según este pasaje, en el momento que creemos en Cristo, Dios nos hace _____.

¿Cuál es la conclusión, entonces? ¿Ha sido realmente convertida una persona si no le importa agradar a Dios con su vida?

◊◊

¿Cuál de los dos errores antes mencionados es combatido en estos pasajes?

El L _____

Anote la definición de *libertinaje*. (Ver la introducción.)

◊◊

Lea Gálatas 3:1.3.

¿Cómo recibieron el Espíritu Santo?

a. __ por obras
b. __ por fe

Después, los Gálatas fueron engañados por los falsos maestros, quienes insistían que tenían que ser circuncidados para ser salvos. Pablo escribe esta carta para corregir ese error.

En el versículo 3, Pablo dice que el hecho de circuncidarse para ser salvos sería como acabar por la _____.

Lea Gálatas 5:2.

¿Cuál es el punto de Pablo en este versículo?

◊◊

Lea Gálatas 2:20.

¿Cómo describe Pablo su nueva vida como cristiano?

◊◊

Lea Gálatas 5:22-23.

Escriba los aspectos del fruto del Espíritu:

◊◊

¿Cuál de los dos errores antes mencionados es corregido por estos últimos pasajes?

El L_____.

¿Cómo se define el *legalismo*? (Ver la introducción).

◊◊

DEFINICIÓN

LA SANTIFICACIÓN ES:

CRECIMIENTO ESPIRITUAL

JUNTANDO ALGUNAS IDEAS:

Ahora vamos a juntar algunas ideas de las lecciones anteriores para explicar que la santificación es por gracia:

Uno de los problemas con respecto a la santificación es que se tiende a excluirla de nuestro concepto de la salvación. Se destaca la justificación como si fuera el único aspecto. Este error lleva a algunos al *libertinaje*. Otros reaccionan, insistiendo en que la santificación también es necesaria, pero cometen el error de despegar la vista del Señor, confiando en sí mismos para crecer, y caen en el *legalismo*.

Si recordamos la definición (la segunda) de la *salvación*, podemos evitar los dos errores:

> La Salvación es la liberación del pecado y de todas sus consecuencias.

¡Obviamente la salvación incluye la santificación! Significa que debemos confiar en el Espíritu Santo para crecer espiritualmente.

Otro problema es que a veces no se entiende bien lo que es la *fe*. A veces se piensa que tener fe es creer en la existencia de Dios o aceptar intelectualmente la doctrina cristiana. Por supuesto si alguien simplemente *cree* en este sentido, ¡no va a poder crecer en su vida cristiana, porque nunca llegó a ser cristiano! No ha nacido de nuevo.

Recordemos la definición de la *fe*:

La fe redentora es confianza en Jesús como Señor y Salvador.

Si usted realmente confía en Jesús como Señor y Salvador, Él le va a hacer crecer espiritualmente, dejando al lado el viejo estilo de vida.

Lea Hebreos 12:1-2.

Deberíamos correr con los ojos puestos en _____.

Jesús es el _____ y el _____ de la fe.

Este es el secreto de la vida cristiana: mantener la vista en Jesús. La justificación es por fe en Él, y la santificación también es por fe en Él. Todo el poder y la victoria proceden de Él.

¿Cuál de las siguientes personas demuestra fe verdadera en el Señor?

____ a. "He sido justificado por fe y ahora puedo hacer lo que yo quiera."

____ b. "He sido justificado por fe, y ahora tengo que probar que soy cristiano. El Señor ha hecho su parte; ahora tengo que hacer mi parte."

____ c. "He sido justificado por fe, y ahora confío en el Señor, en que él me va a dar crecimiento espiritual."

___ d. "Sí, yo creo en Jesús; tengo mucha fe. De otro modo, ¿cómo me habría ido tan bien en el trabajo?"

___ e. "Sí, yo creo mucho en Jesús. Él es el mejor hombre que ha vivido en la tierra. Yo quiero vivir mi vida como Él."

___ f. "Sí, yo creo en Dios. Tiene que existir algún ser superior. Todas las religiones apuntan al mismo Dios."

REPASO

Defina:

1. El libertinaje:

2. El legalismo:

3. La santificación:

4. La salvación:

5. La fe redentora:

PARA CONVERSAR

1. ¿Cómo se puede notar si alguien está viviendo en el error del legalismo, o en el error del libertinaje?

2. ¿Cuál es el error más común en la iglesia, el libertinaje o el legalismo? ¿Y en su propia vida?

3. Haga un dibujo que representa en mejor forma el proceso de la santificación en su propia vida. Explique por qué lo ha dibujado así.

11

LA FE Y LAS

BUENAS OBRAS

¿CÓMO SABEMOS SI UNA PLANTA ESTÁ VIVA?

Mi esposa recibió una planta bonsái para Navidad, y no estábamos seguros cómo cuidarla. Primero entendimos que necesitaba muy poca agua, así que de vez en cuando le echaba unas gotas de agua. Pero dentro de una semana, ¡parecía muerta! ¡Se cayeron todas las hojas! Llamé a un negocio donde vendían este tipo de planta, y me explicaron que necesitaba tanta agua como cualquier planta. Para rescatarla, empecé a darle mucha agua, y la puse afuera en el sol. Esperé varios días, pero no veía señales de vida. Pensé que había matado la pobre planta, pero Angélica insistía que debería tener paciencia y darle tiempo.

¿Cómo sabríamos si la planta estaba viva? La única manera era esperar para ver si crecían las hojas. Por cierto, ¡al final se recuperó!

De una manera similar, el fruto en la vida de una persona es la evidencia de que está espiritualmente viva. Todos nacimos espiritualmente muertos, pero cuando el Espíritu Santo nos hace nacer de nuevo, habrá evidencia de eso. Para algunas personas, es menos obvio, y puede demorar más, pero tarde o temprano, será evidente.

Este es el secreto de la relación entre la fe y las buenas obras. Obviamente, no producimos fruto para obtener la vida. Al contrario, Dios nos da la vida, y como consecuencia, hay fruto. El fruto no es la causa de la nueva vida, sino el resultado de la nueva vida.

Para Reflexión Previa

¿Qué le diría Ud. a una persona que dice lo siguiente? "Si la salvación fuera solamente por fe, ¡no habría motivo para hacer buenas obras!"

¿No enseña la Biblia que seremos juzgados según nuestras obras? ¿Cómo se puede armonizar esta enseñanza con la otra que dice que somos salvos gratuitamente por fe?

Estudio Bíblico

Ya explicamos que somos salvos por fe, y que un aspecto de la salvación es la santificación. Sin embargo, hay algunos pasajes en la Biblia que dicen que seremos juzgados según nuestras obras. ¿Esto es una contradicción?

En esta lección vamos a mostrar que estas enseñanzas no son contradicciones, sino que cada autor bíblico está enfatizando distintos aspectos del mismo evangelio.

Lea Santiago 2:14-26.

Según el versículo 26, si la fe no tiene obras, ¿qué tipo de fe es?

◊◊

En esta carta, Santiago corrige un malentendido causado por la enseñanza de Pablo acerca de la justificación por la fe. Algunos tergiversaban esta doctrina, justificando así su libertinaje. Santiago tenía que explicar que la fe verdadera llevaba a hacer buenas obras.

Lea Efesios 2:10.

¿Cuál es la causa de nuestras buenas obras?

◊◊

La capacidad de hacer buenas obras viene de Dios. Incluso, ¡Él las tenía preparadas antes de que las hiciéramos!

Lea Mateo 25:31-46.

¿Cómo se puede armonizar este pasaje con la enseñanza de que la salvación es por fe? La respuesta es simple: Este pasaje enseña que las buenas obras son *evidencia* de que la persona tiene la fe verdadera, de que ha nacido de nuevo. Tal como vimos en las lecciones anteriores, una persona realmente convertida experimenta cambios en su vida. El Espíritu Santo comienza a transformar su vida pecaminosa en una vida que refleja el amor de Dios. Si no hay ningún cambio así en su vida, eso demuestra que realmente nunca ha sido convertida, que su fe no es verdadera.

Las buenas obras son E _____ de la fe verdadera.

Lea Juan 15:1-5.

Si uno no da fruto, ¿qué le pasará?

◊◊

¿Cuál es el secreto para dar fruto? ¿Qué se debe hacer para producir fruto?

◊◊

¿Puede una rama dar fruto si está desconectada de la vid?

◊◊

Pensando en esta figura en Juan 15, ¿Qué significa "permanecer" en Cristo?

◊◊

Tal como una rama de la vid no puede dar fruto sin recibir su alimentación (agua, minerales) de la vid y de sus raíces, así tampoco el cristiano puede dar fruto de buenas obras sin recibir el poder de Cristo. Esta figura de la vid, entonces, es otra manera de decir que tenemos que *confiar en Jesús* y *depender* de Él para dar fruto. La fe es nuestra conexión vital con el Señor.

Analicemos esto:

Supongamos que una rama no está conectada con la vid...

¿Podrá dar fruto?

◊◊

¿Qué tiene que sucederle para poder dar fruto?

◊◊

Ser conectado, o *injertado* a la vid es un símbolo de nuestra relación espiritual con Jesús.

¿Qué se necesita para ser injertado en Cristo?

La F _____

Supongamos que una rama que no está conectada a la vid quiere ser considerada parte de ésta, y por eso trata de dar fruto.

¿Es posible esto?

◊◊

Muchas personas intentan lo mismo en su vida espiritual; piensan que pueden hacer buenas obras para ser considerados cristianos. Sin embargo, es al revés; para poder hacer buenas obras, ¡tienen que ser cristianos! Tienen que nacer de nuevo y poner su fe en Jesús. Sólo entonces darán fruto verdadero, porque el Espíritu Santo opera en ellos.

CONCLUSIONES:

SIN FE, NO HAY BUENAS OBRAS VERDADERAS.

SIN BUENAS OBRAS, NO HAY FE VERDADERA.

ADEMÁS:

LAS BUENAS OBRAS SON EVIDENCIA DE LA FE.

NO HACEMOS BUENAS OBRAS PARA SER SALVOS,
SINO HACEMOS BUENAS OBRAS,
PORQUE YA SOMOS SALVOS.

Decimos que sin fe no hay buenas obras *verdaderas*, porque los no creyentes también pueden hacer muchas cosas que *externamente* son muy buenas. Sin embargo, la diferencia está en que no las hacen por fe, y por lo tanto sus motivaciones no son correctas.

Lea Hebreos 11:6.

Sin fe, ¿es posible agradar a Dios?

◊◊

Otra ilustración es de una bombilla:

La bombilla misma no tiene el poder para producir la luz. Es la energía de la electricidad que produce la luz. Sin embargo, el alambre pequeño (el filamento) tiene que estar conectado para que haya luz. Si está cortado, no pasa la corriente y no se enciende la luz. Por lo tanto, la luz es evidencia de que el filamento está completo.

Trate de identificar lo que representa cada parte de la ilustración. De las siguientes frases, escriba lo que corresponde a cada parte de la ilustración: El Espíritu Santo, el creyente, buenas obras, la fe.

a. La bombilla	
b. La luz	
c. El filamento	
d. La electricidad	

Una ilustración más. Volviendo al mundo agrícola, piense en dos tipos de árboles: manzanos y naranjos.

Supongamos que solamente los manzanos pueden entrar al cielo. En el día del juicio se presentan todos los árboles entremezclados:

¿Cómo se sabe si un árbol es manzano o naranjo?

◊◊

¿Por qué produce manzanas el manzano?

◊◊

¿Puede un naranjo producir manzanas?

◊◊

Al aplicar esto a la vida espiritual, el problema es que todos nacimos como *naranjos*, por decirlo así. No podemos empezar a dar manzanas (buenas obras) simplemente porque queremos ser salvos. ¡Todo lo contrario! Si queremos dar manzanas, ¡tenemos que ser convertidos en manzanos! Eso se hace solamente por fe. Se requiere de un milagro de parte de Dios para cambiar la naturaleza del árbol. Tal como Jesús le dijo a Nicodemo (Juan 3), tiene que "nacer de nuevo."

Identifique las partes de la ilustración en la columna izquierda abajo. Escriba cada una de las siguientes frases en el espacio que corresponde: cristianos, no cristianos, obras sin fe, verdaderas buenas obras.

a. Manzanas	
b. Naranjas	
c. Manzanos	
d. Naranjos	

Repaso

1. Sin fe, no hay verdaderas B_____ O_____.

2. Sin buenas obras, no hay verdadera F_____.

3. Las buenas obras son E _____ de la fe.

4. No hacemos buenas obras para ser salvos, sino que hacemos buenas obras porque _____.

Para Conversar

1. ¿Cómo se puede distinguir entre los cristianos (los "manzanos") y los no-cristianos (los "naranjos")? ¿Es siempre fácil distinguirlos por observar el fruto de sus obras?

2. ¿Cómo ha visto fruto en su vida desde que cree en Jesús?

Texto para Memorizar

Permanezcan en mí y yo permaneceré en ustedes.
Así como ninguna rama puede dar fruto por sí misma,
sino que tiene que permanecer en la vid,
así tampoco ustedes pueden dar fruto si no permanecen en mí.

Juan 15:4 (NVI)

12

LA SEGURIDAD DE LA SALVACIÓN

Con Firmeza

Un buen padre tomará a su hijo de la mano con firmeza, especialmente cuando estén cerca de algo peligroso, como el océano o una calle con mucho tráfico.

Recuerdo cuando visitamos el Gran Cañón con nuestros hijos cuando eran pequeños. ¡Creo que nunca los tuve tan fuertemente agarrados como ese momento cuando estábamos parados en la orilla, mirando ese abismo!

Dios es nuestro Padre amoroso que promete que nunca nos soltará.

Ya que Él toma la iniciativa en nuestra salvación, podemos estar seguros de que un verdadero creyente nunca la perderá. Nuestra vida eterna depende de Él, no de nosotros mismos.

Para Reflexión Previa

¿Está seguro de que es salvo?

¿Está seguro de que nunca perderá su salvación?

Estudio Bíblico

Algunos creyentes pierden el gozo porque no han descubierto la doctrina de la seguridad de su salvación. Piensan que pueden perder la salvación, por ejemplo, si cometen algún pecado serio. Sin embargo, es el privilegio de cada creyente saber que tiene la vida eterna y no la perderá. ¡Esto produce una estabilidad y un gozo incomparable!

Lea Juan 3:16.

¿Qué se necesita para obtener la vida eterna?

◊◊

Lea Juan 5:24.

¿Cuándo se obtiene la vida eterna?

_____ a. Después de morir.

_____ b. Al creer en Jesús.

_____ c. Después de ser bautizado.

Lea 1 Juan 5:12-13.

¿Se necesita algo además de Jesús para obtener la vida eterna?

◊◊

Lea Romanos 5:8-10 y Romanos 8:1.

Si Dios nos ha declarado "no culpables," ¿podría negar Su promesa y condenarnos después?

◊◊

Después de explicar en los capítulos 1 al 7 de Romanos que la justificación y la santificación son por la fe, Pablo destaca en el capítulo 8 la seguridad de la salvación.

Lea Romanos 8:29-30.

Estos versículos han sido llamados *la cadena inquebrantable*. Los términos están inseparablemente vinculados.

A quien Dios antes C _____, también P_____.

A quien predestinó, también Ll_____.

A quien llamó, también J _____.

A quien justificó, también G _____.

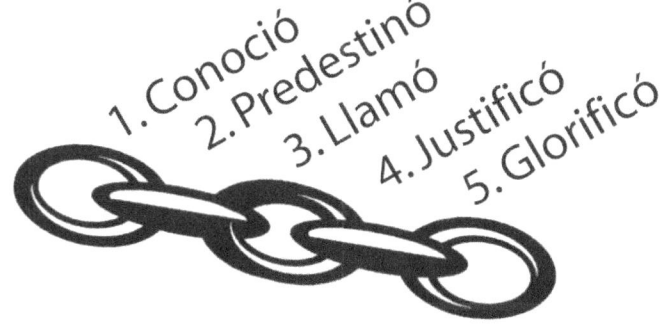

Repasemos:

a. Conocer antes significa amarnos antes de que existiéramos.

b. Predestinar significa planificar desde antes que seríamos como Jesús.

c. Llamar significa hacer que escuche el evangelio y cambiar el corazón para que crea.

d. Justificar significa declarar justo y sin culpa.

Hay un solo término que no hemos estudiado todavía: ***glorificar***. La glorificación es el último paso en el proceso de santificación. Significa que uno es finalmente transformado a la imagen de Jesús mismo. Por supuesto, no compartimos Su poder y otros atributos divinos, sino Su santidad.

DEFINICIÓN

SER GLORIFICADO SIGNIFICA...

SER HECHO COMO JESÚS EN SU SANTIDAD.

115

Según el versículo 29, ¿qué predestinó Dios para nosotros?

◊◊

Según estos versículos, entonces, hay un grupo de personas que pasa por las mismas etapas de la salvación. El mismo grupo que empieza es el grupo que termina. Los mismos que son amados y predestinados son los que son glorificados al final. La cadena no se puede quebrar. Tiene sentido: Si Dios mismo nos predestina a ser conformados a la imagen de Jesús, entonces ¡Él cumplirá Su propósito hasta las últimas consecuencias!

La pregunta que surge es: "¿Cómo puedo saber si he sido predestinado y que seré glorificado?" La respuesta es simple: Si Ud. **cree** en Jesús, Ud. sabe que ha sido justificado, y que recibirá todas las demás bendiciones de la salvación.

Lea Romanos 8:31-34.

Explique el punto del pasaje en sus propias palabras:

◊◊

Lea Romanos 8:35-39.

Resuma el contenido de estos versículos:

◊◊

¿Cuál es su conclusión? ¿Puede alguien perder su salvación?
◊◊

Nuestra salvación es segura porque...

___ a. tenemos mucha fe.

___ b. no pecamos.

___ c. damos mucho fruto.

___ f. Dios es fiel a sus promesas.

___ d. hemos sido bautizados.

___ e. vamos todos los domingos a la iglesia.

Lea Romanos 8:28.

¿Cuántas son las cosas en nuestra vida que Dios encamina para nuestro bien?

◊◊

¡Esta es una de las promesas más lindas de toda la Escritura! Deténgase un momento para memorizar este texto.

> *Y sabemos que a los que aman a Dios, todas las cosas les ayudan a bien, esto es, a los que conforme a su propósito son llamados.*

Romanos 8:28

Escríbalo en este espacio:

◊◊

El hecho de que Dios encamina todo para *bien*, no significa bien *material,* sino bien *espiritual.* Dios encamina todo para nuestro crecimiento, para hacernos más como Jesús.

Piense en alguna forma en que Dios podría encaminar los siguientes problemas para su bien:

a. Se me fractura una pierna.

◊◊

b. Me despiden del trabajo.

◊◊

Tampoco significa que uno pueda pecar libremente y esperar que Dios bendiga sus acciones. Cuando pecamos, no perdemos la salvación, pero ofendemos al Señor. Es como la relación de un niño con su padre. Haga lo que haga, siempre será su hijo. Supongamos que él miente a su padre; sigue siendo su hijo, pero tiene que pedir perdón para restaurar una buena relación con él. Así es con el Señor. Siempre seremos Sus hijos. La relación *legal* no cambia cuando pecamos; seguimos justificados, y no seremos condenados. Sin embargo, tenemos que pedir perdón para restaurar la relación *personal.*

Lea Juan 13:10.

Ser lavado en todo el cuerpo nos recuerda de la relación *legal* con Dios. (Somos justificados.)

Lavarse los pies nos recuerda de la relación *personal* con Dios. (Necesitamos ser perdonados continuamente.)

Lea Juan 10:27-30.

¿Qué nos enseña este pasaje acerca de si la salvación se pierde?

◊◊

Lea Filipenses 1:6.

Lo que Dios empezó, lo va a _____.

REPASO

1. Un cristiano puede estar seguro de su salvación?

◊◊

2. Después de ser convertido, ¿puede uno perder la salvación?

◊◊

3. Escriba los aspectos de la "cadena inquebrantable," basada en Romanos 8:29-30.

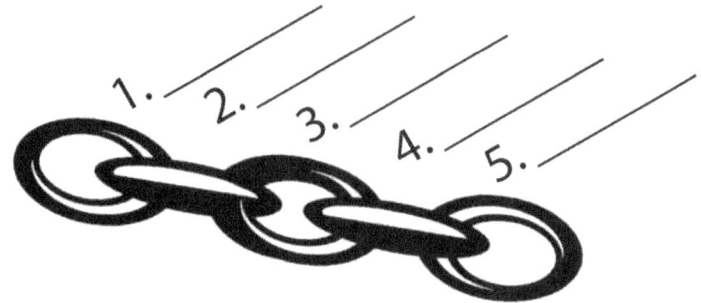

4. Defina la *glorificación*:

◊◊

5. Escriba Romanos 8:28.

◊◊

PARA CONVERSAR

1. Si una persona no tiene seguridad de su salvación, ¿significa que no es un cristiano verdadero?

2. ¿Qué puede hacer un creyente para asegurarse, si está dudando de su salvación?

3. ¿Qué pasa con las personas que parecían ser cristianas, pero ahora no? ¿Habían nacido de nuevo realmente?

Texto para Memorizar

El que tiene al Hijo tiene la vida;
el que no tiene al Hijo de Dios no tiene la vida.

1 Juan 5:13

13

CÓMO VIVIR POR GRACIA

¡Está agotado?

David Seamonds cuenta su experiencia cuando era misionero en la India. Un joven fue a pedirle un consejo, quejándose de un sentimiento de culpa, de ansiedad, de enojo, y de menosprecio de sí mismo. Cuando le hizo las preguntas típicas acerca de su lectura de la Biblia, su tiempo de oración, y su asistencia a la iglesia, supo que el joven le ganaba lejos en el uso de las disciplinas espirituales; pasaba horas y horas leyendo la Biblia, orando, y participando en las actividades de la iglesia. Pero algo no funcionaba. En ese momento, Seamonds se dio cuenta de que el joven simplemente no estaba descansando en la gracia de Dios. Estaba tratando de lograr su propia santidad con esfuerzo humano. Seamonds concluyó que era posible hacer las cosas correctas, sin estar confiando realmente en el Señor, y esto cambió su ministerio completamente. Empezó a poner todo el énfasis en la gracia de Dios.

Es muy frecuente que alguien comienza su vida cristiana confiando plenamente en Cristo para su perdón, pero pronto cae en el error de tratar de santificarse por esfuerzo propio. He escuchado comentarios como, "Jesús me salva, pero yo tengo que esforzarme para vivir una vida santa". Otros dicen, "Debo ser santo para que Dios escuche mis oraciones y para que me utilice eficazmente en el ministerio". Aunque no debemos abusar de la gracia de Dios, esto es un engaño muy peligroso, porque pone todo el énfasis en lo que la persona puede lograr, y quita la vista del Señor.

Esto es justamente lo que pasó a los Gálatas. Comenzaron bien, pero pronto llegaron los legalistas, diciendo que deberían ser circuncidados y seguir las costumbres judías. Pablo advierte que eso sería legalismo. Creo que estamos haciendo algo parecido cuando pretendemos ganar puntos con Dios o lograr nuestra propia santificación.

¿Tan insensatos son? Habiendo comenzado por el Espíritu, ¿van a terminar ahora por la carne? Gálatas 3.3

Cuando viajo por la carretera, debo observar los letreros para llegar a mi destino. Sin embargo, si me fijo solamente en los letreros, y quito la vista del camino, ¡tendré un accidente! La ley en la Biblia funciona así; es un letrero que apunta a Cristo, y no debemos poner más atención en ella que en Cristo mismo. A veces preferimos confiar en la ley, porque así sentimos que nosotros estamos en control, y que nosotros mismos estamos logrando algo. En el fondo, es orgullo.

[1] David Seamonds, *El Poder Liberador de la Gracia* (Deerfield, Illinois: Editorial Vida, 1990), pp. 6-11.

Me gusta arreglar cosas en la casa, pero tengo un problema; cuando algo no resulta, normalmente simplemente hago un mayor esfuerzo. Por ejemplo, si un tornillo no está entrando bien, empujo más fuerte. Pero
a veces el tornillo se dobla, y me aplasto un dedo. Mayor fuerza no siempre da buenos resultados. Es mejor hacerlo con cuidado.

Hay muchos deportes en que mayor fuerza no ayuda. En el fútbol, el golf, y el béisbol, por ejemplo, es necesario pegar la pelota con precisión, y no simplemente con fuerza. La vida cristiana es así; en vez de simplemente hacer mayor esfuerzo, debemos hacerlo correctamente. Eso significa que tenemos que aprender a vivir por GRACIA. No hay pautas simples para el crecimiento espiritual, pero hay una clave principal: mantener la vista en Jesús, el autor y consumador de nuestra fe.

PARA REFLEXIÓN PREVIA

¿Las bendiciones de Dios dependen de mi buena conducta?

ESTUDIO BÍBLICO

A veces la bendición de Dios está relacionada con la obediencia. Incluso, algunas promesas de las Escrituras tienen la condición de nuestra fidelidad. (Si nosotros hacemos tal y tal cosa, Dios cumplirá tal y tal promesa.) Sin embargo, en esta lección queremos advertir de posibles confusiones con respecto a este hecho, y probar que Dios nos bendice *a pesar de* nuestra imperfecta fidelidad.

La Trampa

Algunos cristianos comienzan bien su vida cristiana, pero después caen en alguna forma sutil de legalismo, tal como los Gálatas. Satanás es muy astuto. ¡Él quiere que hagamos *cualquier cosa, menos que confiemos en el Señor!* Analicemos algunas formas en que podemos desviarnos del camino de la gracia.

Primero, recordemos la definición de la gracia:

F _____ no M_____

Teniendo esto en mente, y recordando todo lo que hemos estudiado, vamos a evaluar dos actitudes, representadas por las personas "A" y "B."

A. La Persona "A" piensa que sufrimos en la misma medida en que pecamos.

Piensa que, cuanto más pecamos, más sufriremos. Supone que una persona que sufre mucho está siendo castigada por Dios. Se imagina a Dios como un juez severo, quien nos mira desde el cielo, desde atrás de las dos tablas de los diez mandamientos.

Respuesta:

Es cierto que muchas veces el pecado trae consecuencias negativas. Por ejemplo, si un joven usa drogas, le afecta su salud. Además, Dios a veces nos disciplina como un padre amoroso para ayudarnos a crecer (Hebreos 12:6-7). Sin embargo, Dios no es vengativo con sus hijos. No nos castiga con justicia retributiva. Perdona nuestros pecados y nos ama a pesar de nuestras fallas. Es un Dios de *gracia* y misericordia. Constantemente obra para nuestro bien en todas las circunstancias de nuestra vida.

Lea Miqueas 7:18-19.

¿Qué hace Dios con nuestros pecados?

◊◊

Lea Salmo 103:10-13.

¿Nos paga Dios conforme a nuestros pecados?

◊◊

Dios es como un P_____ que se compadece de sus hijos.

DIOS NO NOS TRATA SEGÚN LO QUE MERECEN NUESTROS PECADOS,
SINO QUE NOS TRATA DE ACUERDO CON SU GRACIA.

Es muy importante entender esto, para no sentirse castigado por Dios cuando sucede algún problema en nuestras vidas. Algunas personas, por ejemplo, sienten que Dios les está castigando por algún pecado si se enferman o tienen problemas económicos.

Lea Job 4:8 y 5:17.

El amigo de Job, Elifaz, piensa que sabe por qué Job está sufriendo. ¿Cuál es su perspectiva?

◊◊

Lea Job 42:7.

¿Qué dice Dios a Elifaz?

◊◊

Lea Juan 9:1-3.

¿Qué Podemos aprender acerca del sufrimiento de esta historia?

◊◊

B. LA PERSONA "B" PIENSA QUE TENEMOS QUE MERECER LAS BENDICIONES DE DIOS.

Esta persona invierte el concepto. Piensa que, cuánto más buenas obras hacemos, más bendiciones recibiremos de Dios. Dice: "Por supuesto que Dios no nos *castiga* en la forma que lo merecemos, pero *no nos bendice* si nuestra conducta no es suficientemente buena." Piensa que, para recibir bendiciones, uno tiene que merecerlas.

Algunas personas intentan hacer un trato con Dios. Quizás empiecen a ayudar a gente necesitada o dar dinero a la iglesia, esperando que Dios les conceda algún favor, como sanar una enfermedad o darles prosperidad económica.

Respuesta:

Por supuesto que es bueno ayudar a los necesitados y ser generoso. No obstante, estos comentarios, en el fondo, también reflejan una falta de entendimiento de la *gracia*. ¿Por qué? Porque presuponen que Dios nos bendice *solamente* cuando lo *merecemos.* Pero ¡eso es lo opuesto de la GRACIA! No podemos ganar sus favores.

Esto no quiere decir que nuestra conducta no afecte la relación con Dios. No obstante, la bendición no depende de *nosotros*, sino de Su bondad.

No cuesta nada encontrar ilustraciones de esta enseñanza en la Escritura. En todas partes vemos que el pueblo de Dios ha sido infiel, pero Dios lo bendice por Su misericordia.

Lea Oseas 14:4.

En este caso Jehová reprende a Israel por su idolatría, pero sigue amándolo "generosamente" (NLBA) o "de voluntad" (RV).

Lea Lucas 15:14-24.

¿Cómo demuestra gracia el padre del hijo pródigo?

◊◊

¿Qué nos enseña esta historia acerca de Dios?

◊◊

¡No entienda mal! Jamás deberíamos pensar que no importa nuestra conducta. Obviamente importa, y afecta nuestra relación personal con el Señor. No debemos abusar de Su gracia y misericordia.

Lea Romanos 6:1-4.

¿De qué error nos advierte Pablo?

◊◊

El punto que queremos destacar es que Dios no nos bendice solamente cuando lo merecemos. *¿Cuán buena tendría que ser nuestra conducta para merecer Su amor?* Estamos aclarando este concepto para reforzar el punto central de todas las lecciones:

Dios nos bendice DE PURA GRACIA.

Es importante entender esto para evitar motivos incorrectos para obedecer. Si pensamos que Dios bendice en la medida en que le obedecemos, podríamos tratar de *manipularlo.* Es decir, podríamos obedecer con el fin de conseguir algo.

Entonces, ¿Por qué motivo deberíamos obedecer al Señor?

¡Simplemente porque lo amamos!

En lo más profundo de su corazón, el cristiano no *quiere* pecar porque sabe que eso ofende al Señor. Obedece por *amor,* no por *temor* del castigo, y no para *obtener* algo. ¿Cómo se sentiría un hombre si su esposa le preparara una comida rica, solamente porque quiere que le compre un nuevo vestido?

¿Cuál de estas personas entiende lo que significa vivir por gracia?

___ a. "Dios bendice cuando él quiere, por lo tanto, me emborracharé esta noche. Total, no afecta en nada mi relación con Dios."

___ b. "Le he fallado al Señor varias veces esta semana. Por ese motivo probablemente voy a tener algún problema en el trabajo pronto."

___ c. "Quiero que Dios me ayude a ingresar a la universidad, así que voy a empezar a ir a los cultos en la iglesia para que me conceda esta petición."

___ d. "Estoy orando para que Dios me dé un trabajo. Yo sé que no lo merezco porque no le he sido siempre fiel, pero espero que tenga misericordia de mí."

___ e. "He hecho un trato con Dios. Si él sana a mi esposa, le voy a servir el resto de mi vida."

___ f. "No he tenido tiempo para leer la Biblia esta semana, así que ni siquiera voy a orar. Yo sé que Dios no me contestará."

EL SECRETO:

MANTENGA LA VISTA EN EL SEÑOR

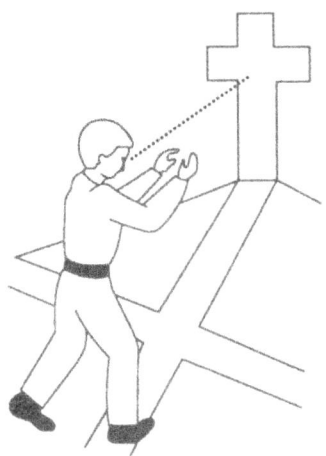

El secreto de la vida por gracia es mirar al Señor, no a uno mismo. Mire al Señor, para fijar el motivo de sus acciones. Haga todo para su gloria. Mire al Señor para saber cómo debería actuar de acuerdo con Su ejemplo, según Su voluntad. Confíe en el Señor para obtener la fuerza y la capacidad para servirle fielmente. ¡Todo viene de Él!

Lea Hebreos 12:1-2.

Corra la vida cristiana con toda su fuerza, pero siempre con los ojos puestos en Jesús, quien es el autor y _____ de nuestra fe.

Anote lo que enseñan los siguientes pasajes acerca de la gracia de Dios:

2 Corintios 9:8

◊◊

2 Corintios 12:9

◊◊

Efesios 1:7

◊◊

Hechos 13:43

◊◊

Lea Romanos 1:17.

¿Qué dice este versículo acerca de la justicia?

◊◊

La vida es como un puente sobre un río, con pilares sólidos en los dos extremos que sostienen el peso del puente. Estos pilares son de gracia, y caminamos por la fe, desde el principio hasta el fin.

¿Ud. puede imaginar a un hombre que trata de saltar para llegar a la luna? Sería imposible, ¿verdad? La única forma de llegar a la luna es por una nave espacial. De la misma manera, hay una sola manera de llegar al cielo: a través de Jesucristo.

El problema es que algunas personas comienzan confiando en la gracia de Dios, pero después le desvían su vista del Señor. ¿Puede

Ud. imaginar a un astronauta que salta por la nave espacial a mitad del camino a la luna porque piensa que puede continuar sólo? Es tan ridículo empezar la vida cristiana por gracia, y después tratar de continuar por esfuerzo humano.

Lea Gálatas 3:3.

¿Qué dice Pablo acerca de tratar de continuar por esfuerzo humano?

◊◊

REPASO

1. ¿Cuál es el error en decir que sufrimos en la misma medida en que pecamos?

◊◊

2. ¿Cuál es el error en decir que recibimos bendiciones en la misma medida en que obedecemos?

◊◊

3. Debemos obedecer al Señor, no por temor, ni para conseguir algo, sino porque…

◊◊

4. ¿Cuál es el secreto de vivir por gracia?

◊◊

Para Conversar

1. Piense en los errores de las personas "A" y "B." ¿Ud. a veces tiende a pensar un poco así?

2. Conversen acerca de posibles confusiones a raíz de esta lección.

Texto para Memorizar

...Corramos con paciencia la carrera que tenemos por delante, puestos los ojos en Jesús, el autor y consumador de la fe.

Hebreos 12:1-2

14

¿POR QUÉ SUFRIMOS?

BRUCE "TODOPODEROSO"

En la película, "Todopoderoso", un hombre llamado Bruce se enoja con Dios, porque le ha permitido tener muchos problemas. Dios aparece en la forma de un hombre, y le permite jugar el papel de Dios por un tiempo en la ciudad donde vive. Pronto, Bruce se da cuenta de que no es tan fácil la tarea. Trata de contestar las oraciones de todos, pero esto trae serios problemas. Deja que todos ganen la lotería, pero el resultado es que el premio se divide entre tanta gente que casi no vale nada y nadie está contento.

Si reflexionamos un poco, nos daremos cuenta de que somos demasiado pequeños y limitados para comprender por qué Dios no hace las cosas de una manera diferente. Tenemos que aprender a confiar en Él.

Como dicen, la vida es como un tapiz. Vemos los hilos sueltos por debajo, y nos cuesta entender el diseño. Pero Dios está tejiendo un cuadro hermoso que solamente Él percibe desde arriba.

En esta lección, veremos algunos de los propósitos de Dios en permitir el sufrimiento en nuestras vidas.

Para Reflexión Previa

Después de estudiar acerca de la gracia de Dios, una pregunta importante queda en la mente: ¿Por qué Dios permite el sufrimiento de Sus hijos? ¿Qué opina Ud.?

Estudio Bíblico

En esta lección veremos que el sufrimiento puede tener distintos propósitos, y que el sufrimiento también es una manifestación de la *Gracia de Dios* para nuestro *bien*.

Lea Juan 9:1-3.

¿Sufría el ciego por causa de algún pecado especial que había cometido?

◊◊

Lea Job 1:1.

Muchos conocen la historia de Job y saben cómo sufría. Sus "amigos" llegaron a "consolarlo," diciendo que sus problemas eran por causa de algún pecado que había cometido, y que debería que arrepentirse.

Según este versículo, ¿sufría Job más que sus compañeros porque era más pecador?

◊◊

La lección de Job es:

EL SUFRIMIENTO NO ES NECESARIAMENTE UN CASTIGO POR ALGÚN PECADO.

Tal como estudiamos en las primeras lecciones, en un sentido todos los problemas del hombre son por causa del pecado, es decir, por causa de la Caída del hombre en el Huerto de Edén. Sin embargo, no se puede relacionar cada problema con algún pecado en particular, y la cantidad de sufrimiento no es una indicación de la cantidad de pecado.

ALGUNOS PROPÓSITOS DEL SUFRIMIENTO:

Lea Santiago 1:2-9.

Según este pasaje, ¿cuál es uno de los propósitos de las pruebas?

◊◊

Lea Romanos 5:3-4.

Las tribulaciones producen _____.

La paciencia produce _____.

La prueba produce _____.

Lea 1 Pedro 1:6-7.

¿Cuál es el propósito de las aflicciones según estos versículos?

◊◊

Lea 1 Pedro 4:12-13.

¿Por qué deberíamos gozarnos en los padecimientos?

◊◊

Lea Hebreos 12:4-8.

¿Cuál es otro propósito del sufrimiento?

◊◊

Si un padre no disciplina a sus hijos, ¡no los ama!

Lea 2 Corintios 1:3-11.

Explique otro propósito del sufrimiento.

◊◊

Lea Job 1:6-12.

¿Por qué Dios permitió el sufrimiento de Job?

◊◊

En el caso de Job, Dios permitió que sufriera, para mostrarle a Satanás que Job amaba al Señor. Era una prueba. Lo interesante es que Job nunca supo por qué sufría. Eso habría invalidado la prueba. Dios solamente le hizo ver que había muchas cosas que él no entendía, que debería confiar en Él y dejar que Él manejara la situación.

A veces el Señor no nos deja saber exactamente por qué estamos sufriendo. Lo que sí sabemos es que Él nos ama, Él siempre es fiel, y Él está encaminando todo para nuestro bien. *Nosotros* no tenemos que saber por qué sufrimos, pero *Dios* siempre sabe, y tiene una buena razón.

Lea Romanos 8:28.

◊◊

¡Asegúrese que tiene bien memorizado este versículo! Escríbalo aquí:

◊◊

Lea Génesis 50:20.

Los hermanos de José lo vendieron como esclavo. Pero él, aunque sufrió mucho, llegó a ser un líder en Egipto, y pudo ayudar a su propia familia a sobrevivir una hambruna.

Por eso, José dice que sus hermanos pensaron mal,

> ...pero Dios lo encaminó a B_____.

Esta es la clave de cómo debemos responder al sufrimiento. Hay un lado negativo y un lado positivo. No debemos pretender que no sea doloroso, pero debemos confiar en que Dios lo usará para bien.

Piense en la cruz: Crucificar a Jesús fue el acto más horrible de toda la historia. Sin embargo, Dios el Padre lo planificó para nuestra salvación. Si Él puede usar eso para el bien, *¿qué cosa* **no** *puede encaminar para el bien?*

RESUMEN

ALGUNOS PROPÓSITOS DEL SUFRIMIENTO:

a. Formar el carácter
b. Probar nuestra fe
c. Permitirnos participar de los sufrimientos de Cristo
d. Disciplinarnos como hijos de Dios
e. Ayudarnos a consolar a otros
f. Probar nuestro amor para Dios

REPASO

1. Anote los seis propósitos del sufrimiento mencionados en esta lección.

a.
b.
c.
d.
e.
f.

2. ¿Podemos saber siempre cuál es el propósito de algún sufrimiento?

◊◊

3. Pero siempre sabemos que Dios lo va a...

..E_____ para el B_____.

Para Conversar

1. Comparta una experiencia cuando Dios usó algo difícil en su vida para lograr algo bueno.

2. ¿Conoce a alguien que usted admira que ha crecido espiritualmente a través del sufrimiento?

Texto para Memorizar

Tengan por sumo gozo, hermanos míos,
cuando se hallen en diversas pruebas,
sabiendo que la prueba de su fe produce paciencia,
y que la paciencia tenga su perfecto resultado,
para que sean perfectos y completos,
sin que nada les falte.

Santiago 1:2-4

15

REPASO

El propósito de estas lecciones ha sido explicar las doctrinas básicas de la fe cristiana, poniendo énfasis en la GRACIA. Esperamos que Ud. haya podido apreciar más lo que significa la gracia de Dios en su vida, que tenga mayor gozo y paz, y que responda al amor de Dios con mayor fidelidad.

Estas preguntas de repaso servirán para recordar las enseñanzas más importantes del curso.

1. Explique el significado de estos términos:

a. La gracia:

◊◊

b. La propiciación:

◊◊

c. La salvación (dos definiciones):

◊◊

d. El llamado externo:

◊◊

e. El llamado interno:

◊◊

f. El arrepentimiento:

◊◊

g. La fe redentora:

◊◊

h. La justificación:

◊◊

i. La santificación:

◊◊

j. El libertinaje:

◊◊

k. El legalismo:

◊◊

l. La glorificación:

◊◊

2. Dios creó todo en perfecta A _____.

3. El hecho de que el hombre es la imagen de Dios significa que es

   S _____ a Dios,

   pero no I _____.

4. La Caída destruyó las relaciones entre:

   a. El ser humano y _____

   b. El ser humano y _____

   c. El ser humano y _____

   d. El ser humano y _____

5. Escriba de memoria Romanos 8:28:

◊◊

6. Llene los espacios de la "cadena inquebrantable" de Romanos 8:29-30.

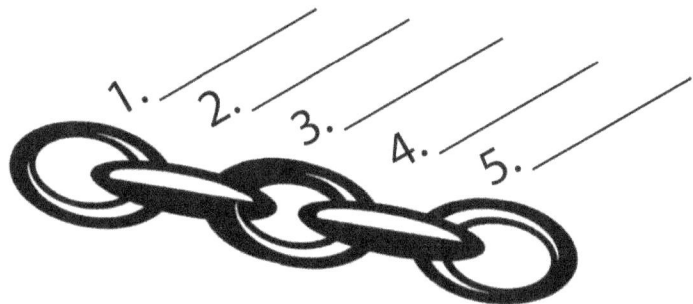

7. Sin fe, no hay _____ verdaderas.

8. Sin buenas obras, no hay verdadera _____.

9. Las buenas obras son E _____ de la fe.

10. No hacemos buenas obras para ser salvos, sino porque ya somos _____.

11. No hacemos buenas obras por temor, tampoco para conseguir algo, sino porque _____ a Dios.

12. ¿Un cristiano puede estar seguro de su salvación?

◊◊

13. ¿Un cristiano puede perder su salvación?

◊◊

14. ¿Cuál es el error en decir que sufrimos en la misma medida en que pecamos?

◊◊

15. ¿Cuál es el error en decir que Dios nos bendice solamente en la medida en que le obedecemos?

◊◊

16. Nombre seis propósitos del sufrimiento:

   a. _____

   b. _____

c. _____

d. _____

e. _____

f. _____

17. ¿Cuál es el secreto de vivir por gracia?

◊◊

PARA CONVERSAR

Examinen la siguiente ilustración y conversen acerca de su significado. Ocupen la ilustración para explicar los aspectos de la salvación que estudiamos en este curso.

En la eternidad:
1. Dios me amó.
2. Dios me predestinó.

En mi vida:
3. Dios me llamó.
4. Dios me regeneró.

En el futuro:
9. Seré glorificado.

8. Estoy siendo santificado.

6. Creí en Jesús.
7. Dios me justificó.

5. Me arrepentí.

RESPUESTAS DE LOS REPASOS

Lección 1: La gracia
1. Favor no merecido
2. Méritos
3. Para que nadie pueda jactarse

Lección 2: La justicia y la misericordia de Dios
1. Justicia, misericordia
2. Todos somos pecadores.
3. La condenación eterna
4. Muestra su justicia porque castigó el pecado, y muestra su misericordia porque Cristo sufrió en nuestro lugar (o alguna respuesta parecida).
5. Un sacrificio para apaciguar la ira de Dios.
6. Justo, misericordioso

Lección 3: La creación; todo en armonía
1. Armonía
2. Bueno
3. ¡Persona, imagen
4. Semejante, igual

Lección 4: La Caída; la separación
1. Independizarse
2. Arrogancia
3. Relaciones
   a. Dios

b. Otras personas

c. La naturaleza

d. Su propio ser

Lección 5: La obra de Cristo; la reconciliación

1. Su muerte y su resurrección

2.

a. La reconciliación de todas las cosas en Cristo

b. La liberación del pecado y de todas sus consecuencias.

3. No

4. Comprada, terminada

Lección 6: El llamado

1.

a. Dios le presenta el evangelio

b. Dios cambia nuestro corazón para que podamos creer el evangelio.

2. Antes de la fundación del mundo

3.

a. amor de Dios

b. predestinación

c. llamado exterior

d. llamado interior (la regeneración)

4. Planificar de antemano

Lección 7: El arrepentimiento

1. Un cambio de actitud y un cambio de vida

2. El primer sentido es cuando nos arrepentimos de todos nuestros pecados para seguir a Jesús; es como un baño. El segundo sentido es cuando pedimos perdón regularmente por pecados específicos, cada vez que nos damos cuenta; es como lavarse los pies (o algo parecido).

Lección 8: La fe redentora
1.
   a. Mero conocimiento intelectual
   b. Fe en milagros
   c. Esperanza insegura
2. Confianza en Jesús como Señor y Salvador

Lección 9: La justificación
1. Un veredicto divino que nos declara justos y libres de culpa
2. Ser declarado justo
3. La obra de Cristo (su vida perfecta, su muerte, y su resurrección).
4. La fe
5. Paz con Dios

Lección 10: La santificación
1. Vivir sin ley
2. Vivir como esclavo de la ley
3. Crecimiento espiritual
4. La liberación del pecado y de todas sus consecuencias
5. Confianza en Jesús como Señor y Salvador

Lección 11: La fe y las buenas obras
1. Buenas obras
2. Fe
3. Evidencia
4. Somos salvos

Lección 12: La seguridad de la salvación
1. Sí
2. No
3. Conoció, predestinó, llamó, justificó, glorificó
4. Ser hecho como Jesús en su santidad

5. "Y sabemos que a los que aman a Dios, todas las cosas les ayudan a bien, esto es, a los que conforme a su propósito son llamados".

Lección 13: Cómo vivir por gracia
1. Dios no nos trata según lo que merecen nuestros pecados, sino de acuerdo con Su gracia (o alguna respuesta parecida).
2. Dios no nos bendice porque lo merecemos, sino por Su gracia (o alguna respuesta parecida).
3. Lo amamos
4. Mantener la vista en el Señor.

Lección 14: ¿Por qué sufrimos?
1.
   a. Formar el carácter
   b. Probar nuestra fe
   c. Ayudarnos a comprender el sufrimiento de Jesús
   d. Disciplinarnos como hijos de Dios.
   e. Ayudarnos a consolar a otros
   f. Probar nuestro amor para Dios
2. No
3. Lo va a encaminar para el bien

Lección 15: Repaso
1.
   a. Favor no merecido
   b. Un sacrificio para apaciguar la ira de Dios
   c.
      (1) La reconciliación de todas las cosas en Cristo
      (2) La liberación del pecado y de todas sus consecuencias
   d. Hacer que alguien escuche el evangelio
   e. Cambiar el corazón de alguien para que crea
   f. Un cambio de corazón y un cambio de vida
   g. Confianza en Jesús como Señor y Salvador

h. Un veredicto divino de que somos justos y no culpables

i. Crecimiento espiritual

j. Vivir sin ley

k. Vivir como esclavo de la ley

l. Ser hecho como Jesús en su santidad

2. Armonía

3. Semejante, igual

4.

a. Dios

b. Otras personas

d. La naturaleza

e. Su propio corazón

5. "Y sabemos que a los que aman a Dios, todas las cosas les ayudan a bien, esto es, a los que conforme a su propósito son llamados".

6.

1. Conoció 2. Predestinó 3. Llamó 4. Justificó 5. Glorificó

7. Buenas obras

8. Fe

9. Evidencia

10. Salvos

11. Amamos

12. Sí

13. No

14. Dios no nos trata según merecen nuestros pecados, sino de acuerdo con Su gracia.

15. Dios no nos bendice porque lo merecemos, sino por Su gracia.

16.
   a. Producir carácter
   b. Probar nuestra fe
   c. Permitirnos participar de los sufrimientos de Cristo
   d. Disciplinarnos como hijos de Dios
   e. Ayudarnos a consolar a otros
   f. Probar nuestro amor para Dios

17. Mantener la vista en Jesús